▲ 온고지신(溫故知新) : 옛 것을 익히고 미루어 새것을 도모한다는 뜻의 고사성어. 평소 이석구 선생께서 좌우명으로 삼던 말로 백림 이병찬 선생의 글씨다

실향의 덫 포천 I

李錫九 散文集

문학공원 산문집 60

실향의 덫 포천 I

李錫九 散文集

무엇이 나를 포천에 묶어두었을까?
지금 생각하면 그것은 '사람' 때문이었다.
사람이 곧 사랑이라 해도 좋을 것이다.

〈산문집을 펴내며〉

일모도원(日暮途遠)의 심정으로

나는 1966년 4월에 포천관내 외북초등학교에 첫 교사 발령을 받고 고향인 서울을 떠나게 되었다. 내 나이 서른한 살 이후 35년간 교직에 몸담아 정년까지 공직에 있었고 그 후로도 여생을 포천에서 살아가고 있으니 이곳에서만 55년을 살고 있다. 포천은 제2의 고향이 되었고 나에겐 실향(失鄕)의 덫이 되었다.

처음에 포천은 산자수명(山紫水明)의 아름다운 도시가 아니었다. 대포소리 들리고 탱크가 지나가면 흙먼지가 하늘을 뒤덮고 내리면서 지붕과 거리에 쌓인다. 밤은 온 포천이 깜깜나라가 되고 70년에 전기가 들어 올 때까지 호롱불 밑에서 직원회의도 하고 과외 공부도 하였다. 4월은 추웠는데도 양말을 못 신은 아이들이 많았고 학교에서 끓여주는 점심 강냉이 죽은 보릿고개를 넘기는 농촌 아이들의 훌륭한 한 끼가 되었다.

무엇이 나를 포천에 묶어두었을까?

지금 생각하면 그것은 '사람' 때문이었다.

사람이 곧 사랑이라 해도 좋을 것이다.

이 고장 사람들은 고루하지만 의리가 있었다.

매사에 무관심한 듯해도 정이 많았다.

몸가짐이 바르고 잘난 체하지 않았다.

조용히 열심히 사는 모습도 좋았다.

사람과의 인간관계가 좋아질수록, 문화원은 창설 때부터 드나들었고 유림회관 30여 년을 왕래하면서 스스럼없이 즐겁게 살았다.

나를 존재하게 했던 글들을 운문과 산문집으로 모아보았다. 일모도원(日暮途遠)의 심정으로, 앞으로도 내가 명을 다하는 순간까지 새로운 글들을 쓰고 싶다. 헛된 욕심이 아니기를 빌면서…….

정성껏 편집해주신 손진홍 시인과, 제자를 써주신 이병찬(栢林) 유도회장님께 감사드리며, 김순진 스토리문학 대표님의 시평(詩評)을 얹어주신 노고에 감사드립니다. 아울러 이 나이 되도록 따뜻한 밥을 먹여준 우리 집사람에게, 그리고 태어나서 지금까지 함께해 준 우리 진아, 준호에게 감사드립니다.

차례

2부. 인생 백세시대의 삶

차 례

3부. 회초리교육이 필요하다

4부. 포천의 지정학적 운명

차 례

5부. 사약을 받아라

6부. 내가 겪은 6.25의 여름

차 례

1부
삼강오륜은 살아있는가?

남녀칠세부동석(男女七歲不同席)

남녀는 일곱 살이 되면 같은 자리에 앉지 말아야 한다. 조선조 500년 유교문화의 남녀(男女)관을 단적으로 보여주는 불문율(不文律)이다.

이는 이 시대(時代)를 지배했던 성문화의 가치관이다. 남녀를 어떤 제약이나 금법(禁法)이 없이 방임한다면 사회가 문란해지고 가정이 파괴될 것이란 위험을 가정해 이런 가치를 지키도록 강제했을 것이다.

왜 7세를, 7세부터 위험연령으로 보았는지 지금의 잣대로 미루어 보면 7세쯤이면 교육적으로 지적(知的)인 성장과 사물(事物)에 대하여 호기심을 갖게 되고 특히 성에 관하여 육체와 관심이 고조되는 시기다. 이를 금지하지 않고 내버려둔다면 성문란은 보나마나 사회를 어지럽힐 것이다. 예방차원으로 7세쯤부터 성을 멀리하게 하고 조혼(早婚)으로 일찍이 성충동을 벗어나게 하였다.

조혼은 남자는 12,3세로 여자는 15, 6세로 빠르게 혼인을 강제하여 생산인력(生産人力)을 늘리고 씨(族)를 번성케 하는 명분이 사회를 지배하게 하였다. 아무도 이 남녀칠세부동석의 틀에서 벗어날 수 없었다. 양가(兩家)의 부모가 정해준대로 서로의 얼굴도 보지 못하고 연을 맺어 살게 하였다.

여기에 더하여 출가외인(出嫁外人)이라는 굴레를 씌워 시집가는 딸에게 강요했다. 여자는 한 번 시집가면 죽을 때까지 '시집의 귀신'으로 고달픈 삶을 살아야 했다. 이 '남녀칠세부동석'이란 도깨비 같은 불문법(不文法)은 여자에게 더 가혹하게 작용했다.

여자의 손발을 묶어 꼼짝 못하게 하고 남자들의 권한을 강화하며 가부장적 사회를 형성해 왔다. 이는 조선조 500년을 지탱해온 저력(底力)이 됐을 법도 하다.

'암탉이 울면 집안이 망한다.'고 집안에 울지 못하는 닭으로 복종하게 하면서 남자(男子)는 첩을 거느리고 기생과 놀아나도 별 문제가 없었다.

그뿐인가, 칠거지악(七去之惡)이란 가혹한 금법을 만들어 한 가지라도 어기면 집에서 쫓아낼 수 있게 하였다.

오늘 7세의 어린아이들을 보면 격세지감(隔世之感)으로도 표현할 수 없을 정도다. 7세라면 유치원 다니는 아이들이다. 이 어린이들이 서로 껴안고 '뽀뽀'하는 것은 일상이 되었다.

초등학교 1학년이면 여자아이가 남자아이를 친구로 선택하는 세태다. 남녀칠세부동석(男女七歲不同席)이 이상하지가 않다. 오히려 사랑스럽게 보는 세상(世上)이다. 가치(價値)는 변한다는 것을 알 수가 있다. 변해도 180도로 변할 수 있을 것인가?

요즘 세대차이(世代差異)란 곧 가치관의 차이라고 해도 무방할 것이다.

여자(女子)에게 씌운 칠거지악(七去之惡)

조선조 500년을 지탱해온 그 뒤에는 여자의 희생이 뒷받침했다고 할 수 있다. 여자를 무시하고 요즘 말로 인권(人權)을 짓밟으며 남정네의 권력과 횡포가 지배했던 시대가 조선왕조시대였다. 왜 그렇게 했느냐는 제쳐두고 女子의 一生에서 사회제약으로 옭아맨 불문율(不文律) 같은 것이었다.

'남녀칠세부동석'으로 어린애들을 갈라놓고 특히 여자는 가르치지 않고 무식하게 성장시켰고 시집보내고는 출가외인(出嫁外人)으로 친정과 인연을 끊게 하고 시집가서는 귀머거리 3년, 벙어리 3년을 가르쳤다. '암탉이 울면 집안이 망한다.'고 했고 집안에 칠거지악(七去之惡)이란 귀신을 믿고 지키게 하였다.

일곱 가지 악이란

첫째, 불순구고(不順舅姑)다. 시부모에게 온순하고 복종해야 한다. 불순하면 쫓아낼 수가 있다.

둘째 악은, 무자(無子)다. 자식을 생산하지 못하면 쫓겨날 수 있다. 아이 못 낳는 책임이 비록 남자에게 있다 손 치더라도 요즘처럼 의학적으로 가리지 못한 때이니 여자의 잘못으로 돌아간다.

세 번째가 음행(淫行)이다.

남편 외의 남자와 정을 사통하고 음행(淫行)을 하면 쫓겨난다. 남자는 외간여자와 정을 통하고 음행을 해도 별것이 아닌 반면 여자는 죄악시 되었다.

넷째는 악질(惡疾)이다. 몹쓸 병에 걸리면 시집에서 쫓겨나도 할 말이 없다. 지금으로 치면 각종 암이나 폐병, 부인병, 정신병 등 어디 한두 가지랴.

다섯째는 구설(口舌)이다. 남이 입방아에 올라 비난을 받으면 여자의 본분을 잃는 것이 된다. 말조심 하고 행동이 바르게 처신해야 한다.

여섯째는 도절(盜竊)이다. 남의 물건을 훔치고 숨기는 일이다. 여자가 도벽이 있으면 쫓겨날 수 있다.

일곱째가 질투(嫉妬)다. 투기라고도 할 수 있다. 남자가 외간여자와 놀아나도 첩을 집안에 들여놔도 질투를 하거나 시기해서는 안 된다. 꾹 참고 살아야 한다.

이 일곱 가지 칠거지악은 여자에게만 내려진 족쇄로 가족(가정)을 지키고 국가를 지탱한다는 명분으로 조선조를 500년간이나 이어오게 한 원동력이 되었다.

칠거지악 중 두 번째 무자(無子)와 네 번째 악질(惡疾)이 여자만의 악으로 몰아 단죄할 수 있겠는가? 해도 해도 너무한 남자들의 독단이고 우리 어머니 할머니들인 그 시대의 여자로 태어난 것은 너무도 불쌍하고 슬픈 일이 아닐 수 없다. 이런 속박 속에서 그 시대의 여자는 무슨 재미로 살았을까?

이제 시대가 바뀌었다. 여성들이 남성을 향해 복수전을 하고 있다. 가히 볼만 하지 않은가? '남성칠거지악'을 만들었다 그동안 억눌렸던 여성의 '파워'가 구시대 남성들의 권위주의, 절대주의를 과감히 쳐부수고 남성을 누르기 시작했다. 그동안 받았던 수모와 인간이하의 모멸을 떨치고 남성을 향한 복수(?)를 선언했다.

요즈음의 남성들은 여성을 향해 당당했던 모습의 꼬리를 내리고 여성을 향해 새로운 꼬리를 흔들고 있다.

신 남성 칠거지악

1. 아이 보육은 공동
2. 설거지하기
3. 청소하기
4. 세탁하기
5. 가족나들이(월 1회)
6. 존댓말 쓰기
7. '사랑한다.' 말하고 '스킨십'으로 표현하기(월 1회 이상)

추기 : 각 가정에 따라 벌칙을 정하고 별거(別居)나 이혼(離婚) 사유가 될 수 있다.

삼강오륜(三綱五倫)은 사라지는가?

우리의 조상들이 삶의 지표로 삼아 지켜왔던 삼강오륜(三綱五倫), 이 시대에도 작동(作動)되고 있는지 돌아보고 싶다.

유교의 뿌리가 되어 조선조 500년을 지배해온 오륜이란 다섯 가지 덕목은 실천 윤리이다. 임금과 신하, 어버이와 자식, 남편과 처, 윗사람과 아랫사람, 그리고 친구간의 관계를 자리매김하여 역할을 부여한 불문법(不文法)이고 도덕이며 가치관이었다.

그 첫 번째 덕목인 군신유의(君臣有義)는 임금과 신하가 상하로 맺어진 관계가 아니고 서로가 의(義)의 도리를 목표로 백성을 받들어 정치를 잘 하라는 것이다. 신하는 상소와 진언으로 임금의 정치를 돕고자 하였지만 임금의 독주와 횡포를 막지 못할 때는 귀양을 가게 되고 때로는 사약(賜藥)을 받아 하나뿐인 생명을 자신의 의(義)라는 명분을 남기고 버렸던 것이다. 사약을 마시면서도 님 계신 곳에 큰 절을 올리고 임금의 만수무강을 빌었다. 그 시대는 이를 충으로 알았다. 임금과 신하가 없어진 민주주의라는 요즈음의 정치에 대입해 보면 임금도 없고 신하도 없는 시대에 누가 누구에게 사약이라도 좀 내려주었으면 하는 심정이다. 군신유의는 이제 종적도 없이 사라진 것이 아닌가?

두 번째의 부자유친(父子有親)은 가정으로 돌아와서 부자간의 관계를 강조했다. 군사부일체(君師父一體)라 하여 임금처럼 가장(아버지)의 권위를 인정하고 질서를 튼튼히 하였다. 요즈음의 돋보기로 부자관계를 들여다보면 이 또한 많이 무너져 내린 윤리가 되었다. 부모가 장수(長壽)해서 일까? 자식이 어버이를 버리고 돌보지 않는 부자관계가 점점 늘어가고 있다. 심지어 자식이 어버이를 살해하고 재산을 빼앗은 강도 자식까지, 진정 이 시대의 부자유친이 존재하는지, 무너지는 소리를 듣는다.

세 번째 부부유별(夫婦有別)은 부자유친과 더불어 가정을 행복하게 이끌려는 윤리다. 이 시대의 여자가 제일 힘들게 살았던 역사다. 부창부수(夫唱婦隨)니 칠거지악(七去之惡)으로 묶어 이 시대의 여자가 운신(運身)을 못하게는 하였지만 사대부(士大夫) 집안이나 선비의 집에서는 부인에게 존댓말을 쓰며 체통을 지키고 여자의 위상을 높여주기도 하였다. 오늘날은 이 부부유별은 거의 180도의 전도현상이 벌어지고 있다. 여성파워는 가정에서 육아, 교육, 재정 등 막강한 힘을 과시하며 여성상위 시대로 그 옛날의 모계사회(母系社會)로 회귀하는 것이 아닌지 부부유별의 본래정신이 퇴색되고 있다.

네 번째의 붕우유신(朋友有信)은 친구간의 신의를 강조한 덕목이다. 오륜 중에 오늘까지도 많이 퇴색하지 않은 가치가 이 붕우유신 같다. 요즈음은 부모형제 보다도 친구간의 우정을 더 갈구하는 것 같다. '친구 따라 강남 간다.'고 친구 사귀는 것을 좋아한다. 친구는 전우(戰友)니 사우(社友)니 동료, 동문, 때론 선, 후배로 가까이 뭉

치고 노동조합이니 공동이익의 조합을 형성하여 기득권을 지키는데 철저하다. 우정, 붕우유신이 발전된(?) 모습일지 모른다.

끝으로 장유유서(長幼有序)도 오늘날에는 많이 무너져 내렸다. 옛날에는 윗사람 아랫사람 관계가 깍듯했다. '냉수도 위아래가 있다.'고 윗사람이 먼저 마시게 하였다. 윗사람이 먼저 나가고 윗사람이 먼저 앉아야 아랫사람이 뒤 따라 했다. 윗사람이 먼저 수저를 들었고 윗사람이 아랫목에 앉도록 하였다. 윗사람이 먼저 시작하고 아랫사람은 그 다음에 하는 것이 예의의 생활화가 되었다. 이 장유유서야 말로 조선조 500년의 유교전통을 유지하게 해 온 질서계약 같은 것이었다.

그러나 지금은 이 윤리도 많이 퇴색되었다. '형님먼저 아우먼저'도 형님아우가 대등해졌고 도리어 아우먼저가 우세해졌다. 특히 장유유서의 퇴물을 버스나 지하철 등이 대중교통에서 보게 되는데 '경노우대석'이 그것이다. 법적으로 65세 이상이면 경로로 취급되어 그 자리에 앉을 권한이 있는데 이 권한은 물론 절대적인 것이 아니다. 경로석에 이미 앉아 있는 아랫사람이 양보해줘야 앉을 수 있지만 꾸벅꾸벅 조는 척(?)하는 염치없는 노인(65)세가 안 된 노인 미달 족)이 눈치보고 있고 고개 숙이고 졸고 있는 젊은 층이 양보해 주어야 앉을 수 있는 것이 아닐까?

조선왕조를 지탱했던 5륜(五倫)의 도덕률(道德律)은 왕조와 함께 무너졌는가?

군사부일체(君師父一體)

군사부일체(君師父一體)란 임금과 스승과 아버지는 하나라는 뜻을 내포한다. 어느 쪽도 우위에 두지 않고 동일시(同一視)했으며 조선을 이끌어온 주체(主體)이며 가치(價値)였다. 백성은 받들고 뫼시고 따르기만 하면 되는 절대적인 존재였다.

그러나 오늘날 이, 군·사·부 일체는 해체되었지만 따로따로의 존경과 권위도 무너져 내렸다. 그 옛날 임금의 존재를 생각하면 어느 때는 옛날로 복귀해서 임금의 절대권위를 보고 싶기도 하다. 무소불위(無所不爲)의 존재, 절대 권력자가 갖는 '카리스마' 그에게 잘못보이거나 반역을 하거나 명령에 따르지 않으면 살아남지 못하는 신적(神的)인 존재, 죄질에 따라 능지처참(陵遲處斬)을 명하고 사약(賜藥)을 내리고, 귀양(歸養) 보내고, 심지어 부관참시(剖棺斬屍)까지 명하며 절대 권력을 행사하였다.

오늘날의 대통령과 비교될 수도 없지만 국민이 뽑은 대통령을 그 권력의 100분의 1쯤이라도 행사하는 모습을 보고 싶을 때가 있다. "쫄면 시켰다가 가카의 박엿까지 먹게 된다."거니 "뼛속까지 치미인 대통령" 등 대통령을 비웃고 놀려도 속수무책이다. 그 시대의 임금 같았으면 아마도 종로통에 끌려 나가 능지처참을 당하지 않았을까? 이따위 버르장머리를 고쳐줄 임금은 이제는 없는 것인가? 대통령 스스로도 "못 해먹겠다."고 탄식하지 않았는가? 이제는 임금이 사라졌다.

군·사·부의 아버지존재는 또 어떠한가? 이 또한 말이 아니다. 한 가정의 가장이요, 어버이다. 가정을 이끌고 부인이 하늘처럼 받들어 모신 존재가 아버지다. 자신이 부모에게 효도하고 조상을 숭배하며 가족을 위해 헌신한 아비의 모습, 아비의 존재는 멀리 있는 임금보다도 가정을 지키고 나라를 지켜낸 위대한 존재였다. 그 권위 앞에 가정을 이루었다. 실천함으로 가르친 귀감의 존재였다.

오늘날 아버지의 권위는 무너져 내릴 대로 무너졌다. 잘못한 것이 없으면서도 권위는 잃었다. 옛날처럼 아버지를 존경하지 않는다. 요즈음은 거추장스런 존재다. 버려지는 늙은 아비는 자식에게 다 빼앗기고 폭행당하고 죽임까지 당하는 시대다. 효는 둘째 치고 오래 사는 것을 걱정해야 하는 아버지다. 가정의 변화를 못 쫓고 수명이 길어진 지금의 아버지는 외롭다. 고려장(高麗葬)의 환영이 잠 못 이루게 하는 것이 아닌가?

옛날의 스승은 어떠했나? 군·사·부 중에서 스승은 제일 높이 받들어 모셨다. 스승의 그림자도 밟지 않는다고 할 만큼 무한한 권위를 가질 수 있었다. 조선조 500년은 스승을 받들며 선비사회를 이끌 수 있었다. 스승의 높은 덕망과 권위에는 누구도 꼼짝 하지 못했다. 당시 훈장의 교육방식은 일제 학습, 암기교육으로 회초리만으로 학생을 지배할 수 있었다.

오늘날의 스승은 어떠한가? 학원에 스승이 없다. 학원에 스승이 없으니 폭력이 난무한다. 폭력이 난무하니까 경찰이 무장하고 학원을 드나들게 된다. 「학생은 돌 머리, 학교는 정글, 나라는 빈 깡통이 되고 만다.」 이 말은 벌써 15년 전에 미국의 재미 교육학자가 한국교육의 무너져 내리는 현장을 보며 예언적 우려를 주장한 말이다. 옛 스승에게는 "우리 아이때려서라도 가르쳐 달라."고 학부모가 애원했다. 요즈음 학원은 두발자유, 복장자유, 집회자유 등 학생 인권조례까지 만들어 그 것을 인권차원으로 밀어 붙인다. 선생이 욕 한마디라도 했다간 경찰 신고로 도리어 잡혀가게 되어있다.

그 시절의 옛 스승은 어디 갔나, 정글이 되어가는 이 학원에 회초리의 매운맛을 속 시원히 때려줄 스승은 진정 없는 것인가?

양반과 선비

조선조 500년을 지배했던 사회계급은 양반(兩班)이고 선비였다. 양반과 선비의 개념은 다른 면도 있지만 동일시(同一視) 되기도 했다. 양반과 선비는 명확한 제도나 규정으로 전래된 것이 아니기 때문이다.

선비는 옛날 우리네 사회계급으로 사・농・공・상(士農工商)의 상류계층으로 분류되었을 사(士) 계층에 속하는 사람이 선비로서 주로 유교와 학문을 쫒으며 학파를 형성하기도 하고 충・효나 유생의 도리를 행하려는 부류이며 이 나라 정신문화에 끼친 영향이 대단한 수구집단이다.

반면 양반은 조선조 경종 때부터 문관(文官)을 동반(東班)으로 무관(武官)을 서반(西班)으로 구별하고 이들 동・서반(東西班)을 양반이라 일컬었다. 양반은 주로 관직을 가졌던 사람이 많았고 그 자손들에게도 양반대우가 세습되었다. 지금의 퇴직공무원 쯤으로 이해할 수 있을 것이다. 조선조에서 선비에 속하는 사람은 거의가 양반이며 선비였다. 품계가 높은 정승 판서의 경우 양반이며 선비이다. 나라에서 주는 녹을 먹고 공직생활을 하였으니 양반에 어울리고 그 사이 학문을 게을리 하지 않아 선비가 갖추어야할 학식이 뛰어나고 몸가짐도 타인의 귀감이 되었으니 양반이면서 선비로서 행세할 수 있었다.

양반이나 선비의 또 다른 특징은 족보를 만들어 집안을 자랑하고 이어나가게 하였다. 족보가 없는 집안을 상인(常人)으로 칭하면서 '아랫것' 이니 '쌍놈'으로 천대하기도 하였다. 그런데 이 양반노릇 하기가 그리 쉽지만은 않았다. 양반은 우선 굶고 살아도 배고프다는 말을 하지 않아야 한다. 배에서 '조르륵', 소리가 나도 글을 읽으면서 '에헴'하는 헛기침으로 자신을 과시하였다. 명분(名分)을 쫓아 목숨을 버리기도 했지만 허례허식이나 '불편한 진실'에 얽매이기 일쑤였다.

조선조 말기에는 양반벼슬을 돈으로 사기도 하였으니 가치도 사라졌다. 양반으로서 몸가짐을 바르게 하기가 얼마나 어려웠으면 연암 박지원(燕巖 朴趾源)의 한문소설인 '양반전'에 잘 드러나고 있다.

한 양반이 집안이 가난하여 군(郡)의 양곡 1,000섬을 꾸어 먹었다가 이를 갚지 못해 난처하게 되었는데 같은 고을의 '쌍놈'이라고 천대 받아온 한 부자가 이 양반의 양곡을 갚아주고 양반명칭을 얻어 양반행세를 해 보니 양반노릇 하기가 너무 까다롭고 힘들어서 다시 '상놈'으로 돌아간다는 이야기다. 그러하다면 인구 비례하여 얼마만한 사람이 양반이었을까 궁금해지는데 이렇다 할 통계가 있는 것은 아니다.

1900년(광무 3년)에 발간된 포천군읍지에 보면 포천의 호총(戶總 : 호구총수)가 2668호인데 이 중 양민(良民)이 537명이고 천민

(賤民)이 840명으로 인구의 1/3은 양민이고, 2/3은 천민으로 조사되어 있다. 어떤 기준으로 이렇게 나누게 되었는지 알 수가 없고 여기에서 양민(良民)이 곧 양반이고 천민의 기준이 내려진 바는 없다.

다만 추측해 보건데 요즘처럼 농토 한 평 없는 실업자나 막노동을 하는 사람들을 천민으로 분류한 것 같기도 하다. 이 시대는 양반도 없고 선비도 없어졌다. 하지만 지금도 조용히 옛것을 지키며 고고한 선비의 기품으로 살고 싶어 하는 사람들이 내 주위에 많이 계시다. 이는 내 생에 말년의 행운이 아닐 수 없다.

가문(家門)

누구에게나 조상이 있듯이 家門이 있게 마련이다. 가문이란 싫다고 거부하고 좋다고 받아들이는 것이 아니라면 단연 운명적이라 할 수 있다. 운명적이라 함은 제 손으로는 어쩌지 못하는 것이다. 三代가 멸하는 와중에 태어나 이름 석 자도 밝히지 못하고 一生을 숨어 사는 인생이 있는가 하면 신흥 부자 집안의 장손으로 태어나 만수무강을 누릴 팔자로 태어날 운명으로 모두 지나고 나면 점지된 예고편 일 수도 있는 것이다. 그런데 신의 섭리가 묘한 것일까? 한 가문이 오래도록 남의 지탄을 받으면서 연연한 집안은 없다는 것이다.

오랫동안 흥한 집안은 그 나름이 몇 대를 흥해 온 이유가 있는 것이지 억지로 인륜에 어긋나게 유지된 것이 아니었다. 100년 이상을 부자 집으로 이어져 온 경상도의 ○부자 집이나 전라도의 ○부자 집은 결국 땅만 개인 것이지 이 땅을 경작하는 모든 노동자, 농민의 공동 소유였다. 나만의 것이 아닌데서 나눔의 사랑이 이루어진 것이다. 가문을 유지하는데 인간의 기본적인 욕구인 욕심(慾心)을 이 가문의 사람들은 일찍이 버린 것이다.

조선조 500년의 역사는 가문의 역사를 일으켜 세우려는 역사이지, 한 뼘의 땅을 더 긁어모으려는 수탈의 역사가 아니었다. 김 질(1422~1478)이란 인물은 이 사자굴 같은 운명의 문 앞을 왔다 갔다 한 인물이다. 그는 세종 때 부사직을 지낸 뒤 문과에 급제하여 집현전의 수찬이 되었다. 그리고 성삼문, 최항, 신숙주 등과 함께 문종의 총애를 받았다. 여기까지가 원만한 인생이었을 것이다. 1455년 세조가 왕위에 오르자 김질은 사예(司藝)가 되고 이듬해 성삼문 등과 단종의 복위를 위해 거사를 꾀했다가 여러 번 기회를 놓치자 모의의 발각이 두려워 배신하고 고변(告變)하여 사육신 사건을 일으켰다.

김질은 이 사건을 계기로 공로가 인정되어 당시 가문의 영광을 가져오게 되었다. 그가 죽기 전까지 영의정, 부마가 되어 부귀영화가 떠나지 않았고 가장 권위 있는 家門을 형성했다. 그러던 그가 죽자 영광을 서서히 사라지기 시작했고 고변자의 가문을 흘겨보기 시작했다. 수백 년 된 묘소가 있던 자리에서 이장(移葬)되어 갔지만 가문의 잘못은 오랫동안 역사 속에 남을 것이다. 역사의 부침 속에 이런 가문의 흥망성쇠는 우리 주변에 얼마든지 존재하고 있다.

조선조 말 이완용은 1858(철종 9년)~1926년까지 68세나 영화를 누린 사람이다. 매국노로 이름을 날린 이 사람은 그래도 살아생전에는 돌아서서 욕을 하고 침을 뱉었을망정 감히 그의 면전에 대고는 아무소리도 못했을 것이다. 그의 세도를 그 당시 따라갈 사람이 없었다. 시작은 1882(고종 19년) 문과에 급제하여 주서(注書) 수찬을 지냈고 1887년 주차 미국 참찬관(駐차米國參贊官)으로 미국을 다녀 온 후 부승지, 외무참의 등을 지내고 주차미국대리공사가 되어 다시 도미 1890년 귀국하여 외무협관판 학부대신 등을 지내고 1896년 아관파천 때 친로파(親露波)로서 학부대신 농상부대신 서리를 겸직하고 1901년 궁내부 특진관, 1905년 학부대신이 되자 변질하며 11월 을사조약의 체결을 지지하여 솔선 서명함으로써 을사(乙巳) 오적신(五賊臣)의 수괴가 되었다.

이때 이완용은 망하지 않으리라는 확신이 섰고 자신의 家門을 반역(反逆)에 걸었다. 그가 죽고 난 뒤 몰수당한 그의 엄청난 재산을 찾기 위한 후손들의 민사소송이 있었다는 소식은 들었지만 그 후의 좋은 소식은 듣지 못했다. 가문은 영광도 남기고 오명도 남긴다. 그 후손은 손이 귀하여 가문은 사라졌어도 당대의 명예를 위하여 목숨을 버렸고 길에 밟히는 역사의 흔적에서 우리는 지난 추억을 더듬게 된다. 굳이 명문가나 명문의 집안이 아니어도 좋을 것이다. 하늘을 우러러 한 점 부끄럼 없는 삶을 살다간 이 땅의 빛과 그림자, 비록 외롭지 않은 家門을 남기지는 못했으나 인간이 찾아가는 歷史의 문을 어디엔가 남기고 떠난 의로운 사람이 있으리라.

좌청룡 우백호(左靑龍 右白虎)

사람이 살다가 죽게 되면 찾아가는 곳이 산소(山所)이다. 조상들이 계시는 산소는 우리에게 고향 같은 곳이었다.

우리 조상들은 자신이 태어나서 살던 곳 가까운 곳에 선산이 있어 죽으면 조상들이 묻힌 선산 어느 한쪽에 묻힐 것이라 예측한다. 선산(先山)이라 해서 가족산(家族山)이나 씨족산(氏族山)을 소유해서 그곳에 묻히게 되었다. 비록 가난하여 산을 갖지 못한 사람이 같은 동네에 살다 죽더라도 선산을 가진 사람이 묘 자리 한쪽을 내주어 사후(死後)의 시신(屍身)을 모시도록 인정을 베풀기도 하였다.

매장문화(埋葬文化)가 장례문화(葬禮文化)의 대세를 이루며 우리나라의 유교문화는 효의 가치관을 역시 이 매장문화가 이끌어왔다. 매장문화에는 여러 가지 형식과 명분을 따르게 하였는데 요즈음에는 많이 퇴색이 되었다. 요즈음도 묘 자리를 찾으러 지관(地官)을 앞세워 좌청룡 우백호(左靑龍 右白虎)의 명당자리를 찾는 사람은 있을 것이지만 어리석은 일이 되었다.

명당자리란 동서로 야트막한 산이 막아주고 남으로 앞이 탁 트이고 내가 흐르는 곳이라면 누가 보아도 좋은 자리로 지목할 터이지만 이런 자리가 요즈음 있을 리도 없고 사실 명당자리란 결과론적이어서 잘된 집안은 조상 탓으로 돌리고, 잘못된 집안도 묘 자리로 조상 탓하기 마련 아닌가?

명당자리란 예언적 근거를 제시할 수 있는 것이 아니라 단지 후손들에게 연관되고 좋은 곳에 조상을 모심으로 효성을 검증했을 뿐일 것이다. 온 집안이 며칠씩 시향(時享)을 지내며 동기간 친족 간의 우의를 다지는 결속의 계기로 삼는 것은 미풍양속(美風良俗)에 속하는 아름다움일 것이다. 하지만 요즈음 들어 이런 미풍도 많이 변했다. 70% 이상이 매장보다 화장(火葬)을 선호한다는 것이다. 비록 땅이 있어도, 매장을 했어도 옛날처럼 손쉽게 찾아가기가 쉽지 않다. 매장했던 조상의 시신을 파내어 화장을 한다는 것이다. 바쁜 일과 먼 거리, 교통 혼잡, 조상에 대한 가치관, 삶의 무력감 등 현대사회가 갖는 이기적 사고가 조상숭배를 멀리하는 것이다.

지금세대는 새로운 종교가 각 가정에 침투하여 자리를 깔고 앉았다. 형제간에도 조상숭배의 길이 다르고 방법이 다르다. '고부간에도 시부 며느리 간에도 종교 차이로 형식적 거리감을 사이에 두고 갈등을 겪는다.'고 미루고 배척하기도 한다. 이해하고 버리려고도 하지만 망각하려 한다.

자본주의는 돈을 쫓게 된다. 삶을 지배하는 자본주의와 관리의 어려움으로 선산을 팔게 되어 누대로 내려오던 선산이 없어지게 되니 후손들 간의 자본 갈등이 생기고, 산소가 파 헤쳐지니 효 가치가 훼손된다. 이제 법에서도 단독주택 내 가족의 수목장이나 화장을 해서 뼛가루를 묻고 팻말을 꽂는 것은 허용된다고 한다. '좌청룡 우백호' 좋은 자리 마련하여 부모님을 고이 모시고자 했던 풍수이야기도 그만 옛이야기가 되어버리지 않았나.

신체발부 수지부모(身體髮膚受之父母)

신체발부 수지부모(身體髮膚受之父母)는 "우리 몸의 털이나 피부는 부모에게서 받은 것이다."라는 뜻이다. 효경(孝敬)편에 나오는 공자님 말씀이다. 내 몸을 아끼라는 경구(警句)다. 부모에게서 받은 자신이 몸은 죽을 때까지 잘 간수(보존)하는 것이 효의 으뜸으로 삼았다.

몸을 병들게 하거나 함부로 굴려 부모에게 근심 걱정을 끼쳐드리는 것은 효가 아니라고 가르친다. 또 몸을 잘못 처신하여 다른 사람에게 누(累)를 끼치고 신체를 변형 하여 혐오감을 준다거나 다른 사람의 구설수에 오르내려도 불효다. '신체발부'를 단순히 털과 피부라고 좁게 해석하는 것이 아니고 몸 전체를 뜻하는 것이며, 행실(行實)까지도 포함시키는 것이다.

옛날 우리 조상들은 글자대로 행하였다. 수염이나 머리털 한 올도 건드리거나 자르지 못하게 하였다. 커서 성년이 되면 남자 머리는 상투를 틀고 여자는 머리를 땋고 댕기를 드리느라 머리털을 깎지 않고 기르게 하였다. 요즈음에도 긴 수염에 상투를 틀고 행차하는 일부지방의 유교문화에 젖은 어르신들이 공존하고는 있으나 점차 사라지고 있다.

일제 강점기에는 일본군으로 강제 입대하는 자기자식의 머리털이나 손톱을 봉투에 담아서 보관해 두기도 하였다. 군대 나가서 불행이도 전사하여 시체라도 찾지 못하게 된다면 이 작은 유물은 전사한 아들의 영혼으로 남게 된다. 이쯤 되면 '신체발부'의 의미를 알 수 있게 된다. 오늘날의 '신체발부'는 어떤 의미를 갖는가, 미용원, 이발소가 생겨서 싹둑싹둑 거침없이 잘라내고 파마요, 고대요, 지지고 볶고 염색을 입히고 탈색도 하고 가발도 쓴다. '헤어스타일'은 이 시대 '패션' 제1의 위치에 올라와 있다. 내 하고 싶은 대로 한다. '신체발부'와는 아무 연관이 없어졌다. 머리손질을 위해 쓰이는 물건이나 도구가 어느 집에나 그득하다.

단발령

우리나라 근대화 과정에서 '신체발부'를 타파하려는 역사적인 변혁이 일어났다. 1895년 고종황제는 자신의 머리털을 자르게 하고 온 국민에게 단발령을 내렸다. 상투를 자르라는 대 국민 명령이었다. 온 세상이 난리가 났다. 우선 임금을 가까이 해온 신료들에게 큰 가치의 혼동을 일으켰다. 유림과 선비사회에서도 반발이 일어났고 온 국민이 우왕좌왕하였다. 강제로 잘린 상투를 끌어안고 울분을 토하는 선비가 있는가 하면, '머리털을 자르려면 내 목을 자르라.'고 거부하며 도망 다니기도 하였다. 신체발부는 효라 믿었고, 단발령은 효를 거역하는 것으로 반발이 일어나지 않을 수 없었다.

그러나 역사는 개혁을 택하게 되었고 점차 「신체발부 수지부모」의 가치는 의미가 없어졌다. 요즈음도 TV화면에서 산속에 들어가서 자연인이 되어 생활하는 사람들의 모습을 가끔 볼 수가 있다. 수염도 깎지 않고 제멋대로 내버려두는 것을 보면 옛것을 지키려는 것도 아니고 게으른 동물세계를 보는 느낌이다.

단발령이 내린지 금년 들어 118년이 되었다. 한 세기가 흐르면서 근대화의 상징으로 잘린 머리카락이 어느새 역사 속으로 사라지고 있다. 필자는 아직 이빨이 15개가 남아 치과 가기를 조금씩 미루고 있다. 치아를 오복(五福)의 하나라고 하는데 '신체발부'와 연관지어 보면 부모님이 주신 소모품(?)이지만 오랫동안 효도하고 싶기 때문이다.

장유유서(長幼有序)

삼강오륜(三綱五倫)의 다섯 번째 덕목(德目)인 장유유서(長幼有序)는 사회생활을 하며 살아가는 연장자(年長者)와 연하자(年下者)의 관계를 자리매김하는 윤리다. 어느 문서에 이래라 저래라 법규를 만든 것이 아니지만 오랫동안 우리사회에서 자연스럽게 이어져 온 관습이라 하겠다. 연장자의 권위를 나이자체로 인정하고 우대하여 연하자가 따르게 하려는 불문율이기도 하다. 냉수 한 잔을 마셔도 연장자부터 마셔야 하는 것이 장유유서의 질서다. 연장자는 따뜻한 아랫목이 그의 자리요 식사자리에서도 연장자가 먼저 수저를 들어야 모두가 들 수가 있었다. 연장자는 집안에서 뿐 아니라 동리에서도 어른이 되고 동네일의 최후 판단자요 리더이기도 했다.

다수가 모인자리에서 연장자가 앉아야 모두 따라서 앉게 된다. 술자리에서도 연장자가 먼저 잔을 들어야 재하자가 마시기 시작하며 연장자에게 술을 권할 때 공손해야하고 연장자 앞에서 술 마실 때는 연장자 반대쪽으로 얼굴을 약간 돌리고 마셔야 한다. 연장자와 연하자가 싸우게 된다면 관가에 끌려가서 무조건 연하자가 볼기를 맞기도 했다.

장유유서의 위계가 차츰 무너지기 시작한 것은 이 나라에 개화바람이 불고 전쟁도 치르며 서구의 민주주의가 불어오면서 부터이다. '사람 위에 사람 없고 사람 밑에 사람 없다.'는 민주화바람으로 장유유서는 꼬리를 감추기 시작했다. 이로 인하여 세상은 크게 지각 변동이 일어났다.

인간은 '지구온난화'로 재해를 일으키면서 세계가 글로벌화되었고 팔도강산의 인구도 수평으로 이동하여 섞이면서 옛것은 잃어가고 새것이 지배하는 세상이 되었다. 객지 벗 10년이라고 나이 10년 차는 연장자도 아니게 되었다. 모르는 사람끼리 얽히다 보면 나이는 숫자에 불과하고 인륜도덕의 잣대가 될 수 없는 지경이 되었다. 부모의 권위, 부부간의 신뢰가 무너지는 마당에 장유유서 따위가 온전할 리 없지 않은가.

그러나 요즘에도 존재하는 것이 있다. 학교에서의 학년 선후배 관계다. 1년 선배에게 깍듯이 존댓말 하고, 선배에게 잘못하면 왕따 당하고 폭행당하는 일이 비일비재하다. 또 하나, 현대 사회에서 불가사의 같은 것은 해병대출신의 '해병전우회', 전라도 출신의 '호남향우회', 고려대 출신의 '고대 동문회'같다. 출신지 아닌 곳에 2, 3명만 모여도 누군가가 조직을 한다는 것이다. 좋은 현상일 수도 있다. 옛날에 어려움을 같이 나누었던 동료, 고향친구, 선후배간의 인정이 그립고 추억하고 싶은 것이 인지상정이다. 이들이 정치에 이용당하거나 집단 이기주의자로 법을 무시하지 않는다면, 장유유서나 인간관계의 질서가 무너지는 현실에서는 분명 보존가치가 있다고 생각된다.

으슥한 곳에서 담배피우는 학생들을 보고 할아버지가 야단을 치면 모두 슬금슬금 도망치던 때가 있었고, 그 할아버지가 어느 날 똑같은 야단을 치다가 학생들에게 떠밀려 엉치뼈가 골절된 사건이 있었다. 담벼락에 오줌 누는 학생을 야단친 아저씨가 그 다음번에 같은 행동으로 야단을 쳤더니 정강이를 구둣발에 맞아 병원에 간 그런 일도 있었다.

그 후 아무도 바른말을 하려 하지 않았다. 그 아이들이 가정에서 못 배우고 학교에서도 배우지 못한 것을 난들 어찌 할꼬, 무관심해졌다. 무관심이 점점 사회를 어둡게 하고, 그 어둠에 갇힌 사람들로 인해 밖에서는 아예 눈을 감고 귀를 닫는다. 장유유서라는 작은 도덕하나 무너진 곳에 남는 것은 무엇일까?

조강지처(糟糠之妻)

조강지처(糟糠之妻)라는 말은 오랫동안 인륜지대사인 부부간의 결혼을 끝까지 지켜나가도록 조장했던 불문율로 가정을 지키고 사회를 건전하게 유지해오는데 크게 공헌했다.

조강지처의 조·강은 술지개미와 쌀겨를 말하지만 그 의미가 깊다. 옛날 결혼 초에 술지개미와 쌀겨로 연명하면서 가난으로 맺어진 부부의 인연을 끊어서는 안 되는 것으로 지켜져 왔다. 비록 여자에게는 칠거지악(七去之惡)으로 자유를 제약받고 가정에 충실하도록 강요받았지만 여자에게 큰 죄가 없는 한 남자는 첫 결혼의 상대인 조강지처만은 끝까지 그 연을 끊지 않았다. 가정이란 예나 지금이나 인간 삶의 기초가 되고 근본이 되는 것이다. 그리하여 조강지처는 조선조 500년을 지켜온 굳건한 윤리의 뿌리였다. 여자가 희생당한 사회였지만 이 희생 위에 가정이 안정을 가져왔고, 가정이 흔들리지 않았기에 사회는 안정을 이룬 것이다.

그러나 지금 이 윤리는 무너져 내린지 오래되었다. 도처마다 위기요 혼란이다. 가정의 붕괴는 곧 사회의 불안을 유발하고 가치가 무너져 내린 곳에 동물적, 물리적 현상이 일상으로 나타나고 있다. 법을 지키지 않으려는 생각이 팽배하여 범죄가 발생한다. 사람 목숨을 가볍게 보는 생명경시 풍조는 부모까지 죽이고, 백주(白晝)에 성범죄가 빈발하며 자살인구가 증가한다.

법이 악용되는 사법사회, 반대를 위한 반대로 소일하는 가치 없는 정치권, 공권력을 우습게 아는 사회, 내 자식만이 제일이라는 독선, 집단 이기주의, 내 이웃엔 절대 안 되는 님비(NIMBY)주의, 아파트 층간 소음싸움으로 살인하는 이웃, 이런 부조리와 사회병리 현상은 도덕 불감증(道德不感症)과 인면수심(人面獸心) 지경까지 이르고 윤리도덕이 마비되고 있다.

오늘날 부부간 별거나 이혼은 다반사가 되었다. 한 남자, 한 여자만을 위해서 검은머리가 파뿌리가 될 때까지 살지는 않겠다는 거다. 걸핏하면 헤어지는 것이 자유로워졌다. 부부가 결혼한 지 10년 안에 1/2 가까이(47%)까지 이혼을 하거나 떨어져 산다고 하니 조강지처의 의미가 사라진 것이다. 별거나 이혼으로 부부는 쉽게 헤어지고 결합하며 산다고 하지만 결혼해서 태어난 아이들은 결손아이로 남아 상처를 안고 살게 되니 이혼의 후유증으로 사회를 불안하게 하는 것이다.

사회란 한 아이라도 잘 자라 주어서 사회의 떳떳한 일원으로 성장하도록 지켜봐주는 것이 건전한 사회로 가는 길 아니겠는가? 결손가정에서 부모의 사랑을 받지 못하고 자라 어떤 문제를 야기한다면 이는 조강지처의 윤리를 버린 우리의 잘못에서 연유하는 것은 아닐까 싶다. 결혼이란 남녀가 사랑으로 이루어지는 사회윤리의 기본이다. 자식을 낳아 인류를 번영시키는 종족 보존적 가치에 두었던 옛 가치였지만, 오늘날의 결혼관은 남녀평등사회에서 만남과 헤어짐이 자연스럽고 어떤 편견이나 속박은 있을 수 없다는 평등사상 사이에 충돌하고 있다.

이제는 새로운 가치들이 결혼문화를 지배하고 있다. 20년 전 일본에서는 황혼이혼이 사회에 크게 대두된 때가 있었다. 남편이 직장을 정년한 때를 맞춰서 아내가 이혼을 제기하는 것이다. 그동안 남편 뒷바라지에 희생당했으니 이제 자식들도 다 키워놓고 내 삶을 살기 위해서 헤어진다고 했다. 조강지처 자리를 포기한다는 것이다. 사리에 맞는 소리 같기는 한데 반론의 여지도 있다.

그 나이에 사랑하는 사람이 있다면 얼마든지 헤어질 수도 있다고…….

요즈음은 사랑이 전부이고 제일이라고 믿고 따르는 세상이니까…….

그러나 다른 한편 사랑이 밥 먹여 주느냐고 또 반대할 수도 있을 것이다.

스킨십(SKIN-SHIP)문화

스킨십(skin ship)은 '피부 접촉'이란 영어이고 노출문화는 인간의 육체를 태생 그대로 벗어버리는 문화다. 요즈음 스킨십과 노출문화는 그 도가 지나치다 싶게 기세를 떨치고 있다. 이성 간에 껴안고 입 맞추고, '베드신'의 진한 '스킨십'까지 여과 없이 방송에서 경쟁적으로 연출된다.

연속극이나 연예프로는 노출이 심하고 몸뚱이를 흔들면서 성적 자극을 유발하여 청소년에게 유해한 내용을 버젓이 내보낸다. 선심 쓰듯 16세 이하 시청불가라고 책임지지 않을 자막을 내보내고는 이중 삼중의 불륜(不倫) 이야기를 꾸며서 시청률 경쟁을 하고 있다. 저질 프로일수록 과다한 노출과 스킨십 장면, 저질 언어까지 사용한다. 방송윤리위원회는 있는지 없는지, 아무도 이를 말리고 혼내고 감독하는 사람은 없고 당연한 것인 양 눈살을 찌푸리면서도 이를 수용하는 너그러운(?) 세상이 되었다.

원래 노출이나 피부접촉은 동물의 것이다. 배속에서 낳은 새끼를 어미는 핥아서 씻겨주고 서로의 체온을 나누면서 살아간다. 암수의 짝짓기 시기가 되면 생식본능이 발동하여 자신들만의 소리로 '교태(嬌態)'로 처절한 싸움도 하면서 이성을 차지한다. 생식작용을 하고 나면 그것으로 생을 마치는 동물도 있다. 동물만이 갖는 동물본능이다.

아담과 이브의 원죄에서 인간은 부끄러움을 알게 되었다. 그래서 부끄러운 것을 가릴 줄 알게 되었고 옷을 입었다. 수치심은 인간만이 갖는 양심이다. 그러나 어찌된 일인지 문명이 발달할수록 점점 벗어버리고 살아간다. 문명의 발달과 노출은 비례하고 있는 것은 아닌가? '비키니', '배꼽티', '미니스커트', '핫팬츠' 같은 낱말은 벗으려는 인간의 욕구다. 어디까지 발전할 것인가 궁금하기도 하다.

우리 조상들의 노출과 스킨십문화는 어떠했을까? 어른들은 남녀칠세부동석(男女七歲不同席)이라고 우리에게 호령했다. 이성 간에는 어린 아이때부터 같이 앉게 하지 않았다. 계집애는 계집애끼리 사내애는 사내애끼리 놀라하였다. 어려서부터 노출을 금지시켰고 아무리 귀여워도 입에다 입 맞추는 피부접촉은 하지 않았다. 부모와 자식 간에도 거리를 두었고 성은 수치심으로 알고 가까이 하지도 못하게 말도 못하게 하였다.

자식이 사춘기(思春期)가 되어 연애라도 한다면 큰일 날 일이었고 조혼(早婚)으로 일찍 시집 장가를 보내되 부모가 정해준 짝끼리 좋든 싫든 평생을 살라 하였다. 아들 딸 낳고 원만한 어른이 되어서도 내외(內外)를 철저히 지켰는데 내외란 부녀자가 외간 남자와 마주 얼굴을 대하지 않고 피하는 것으로 불륜을 애초부터 차단한 것이었다.

노출이나 스킨십문화는 서양에서 우리의 미풍양속 문화를 공격해 온 외래문화인데, 우리의 젊은이들이 좋아하고 부모 된 자는 눈을 찡그리는 정도인데 쉽게 수그러들지 않는다. 이 거대한 홍수(洪水)를 누가 막을 수 있을까. 우리가 '타임머신'을 타고 1세기 후의 세상을 가본다면 어떤 광경이 벌어질 것인가. 모두 거추장스런 문명의 옷을 집어던지고 자유라는 깃발을 들고 '동물의 인간' 모습으로 돌아가 있지는 않을까?

아이돌(IDOL) 미남시대(美男時代)

요즈음은 젊은 소년소녀 연예인의 시대다. 이들은 하나같이 젊고 예쁘고 자신감이 넘친다. 이들을 '아이돌(IDOL : 신앙의 대상이 되는 우상)'이라 하여 이들이 공연하는 곳에 젊은 학생들은 구름처럼 모여 괴성을 지르고 미친 듯 열정을 다해 환호한다. 초, 중, 고 학생 70%가 닮고 싶은 대상이다. 얼굴을 성형하여 'V'자형을 만들고 코를 높이고 눈을 쌍꺼풀지게 한다. 몸매는 'S'라인을 추구하고 손톱, 발톱을 물들인다. 몸무게 50kg이 넘으면 '다이어트'를 하고, 머리, 피부 관리에도 결사적이다.

10대 남자 '아이돌'은 하나같이 여성처럼 예쁜 모습으로 나타난다. 이들 역시 거의 여자에 버금가는 화장과 피부 관리, 몸매 관리에 철저하다. 이들을 요즘에는 미남(美男)이라고 하고 이 표현으로도 부족한지 '꽃미남'이라고까지 한다. 누가 지어주었는지 언제부터 쓰이게 되었는지 알 수 없지만 남자에 대해 미남이니 꽃미남이니 하는 찬사가 우연치만은 않은 것 같다.

옛날에는 미남자(美男子)라는 말은 어느 책에도 없었고 일상에서도 쓰이지 않았다. 어찌 남자를 예쁘다, 아름답다고 함부로 '미(美)'자를 붙여 쓸 수 있단 말인가. 유교 문화권에서 선비사회를 지향했던 시대에는 더구나 생각도 못했던 일이다. 어렸을 때는 '잘생겼다', '똑똑하다'고 칭찬했고 커서 어른이 되면 쾌남(快男)이라거나 호남(好男) 정도로 불렀고, 허우대가 좋고 잘생긴 남자에게 용모(容貌)가 준수하다거나 대장부(大丈夫)같다는 찬사를 우회적으로 썼다.

꽃미남은 왜 이 시대에 부각되는가? 여자에 대하여만 쓰던 미녀(美女)의 '미(美)'자를 남자에게도 쓰이게 된 이유는 무얼까? 여자는 아름다운 존재로 남자에게 인식되어왔다. 여자는 남자에게 예뻐 보이려고 노력하며 살았던 것이 우리의 인습이고 남녀관(男女觀)이다. 부계사회(父系社會)의 남존여비(男尊女卑)시대의 가치관이었다. 지금은 여성상위(女性上位)시대로, 모계사회(母系社會)로 변화하고 있다. 여성이 주인 역할을 하는 시대로 이제 남성은 화려했던 옛날 자리를 여성에게 내주고 스스로 여성화(女性化)되려는 것은 아닌지, 아니면 여성이 남성의 여성화를 만들어내고 있는 것은 아닌지 모르겠다.

원시시대 모계사회에서는 모계 중심으로 가계가 이어져왔다. 이때 남자는 종족을 퍼뜨리는 성적 역할만을 했을 뿐 여성이 지주(地主)였고 자식을 낳아 기르는 실제 가정의 세대주였다. 모계의 주인인 여성은 한 남자가 아닌 여러 남자를 대상으로 자식을 낳아 길렀다. 아이는 아버지가 누군지 모르고 아버지도 제 자식이 누군지 확실히 모르게 된다. 모계사회는 여성시대인 것이다. 지금도 중국의 어느 지방에는 이 전통을 이어가는 모계사회 관습이 아직까지 전래되어 온다고 한다.

세상은 너무도 많이 변해왔다. 특히 남성 위주의 사회에서 칠거지악(七去之惡)의 족쇄로 묶였던 여성의 숙명적 삶에 혁명이 일어나고 지금 남성사회를 접수하여 새로운 세상을 만들고 있는 것이 아닌가.

내던져진 남성의 권위를 어떻게 찾을 것인가.
역사의 흐름을 누가 막을 수 있겠는가.

'아빠', '오빠' 유감(有感)

요즘 TV의 연속극이나 일상 생활용어 중에 '아빠', '오빠'라는 호칭(呼稱)이 많이 쓰이고 있는데 잘못 쓰이는 거 같아 걱정스럽다. 아빠, 엄마는 아버지 어머니의 어릴 적 언어인데도 장성(長成)해서까지 거침없이 사용되고 있다. 이제 아빠, 엄마는 아버지, 어머니의 대체(代替) 언어가 되었고, 아버지 어머니의 낱말은 점차 스러지고 있다.

아이가 세상에 태어나서 제일 먼저 익히는 말이 엄마, 아빠다. 이 '브랜드화'된 말은 유치어(幼稚語)로써 말을 배우고 나면 고쳐져야 하는데 혀에서 굳었는지 사회 환경 때문인지 세 살적 버릇을 여든까지 못 고치고 있다. 언어의 퇴보(退步)라고 생각한다.

아버지, 어머니에 대한 또 다른 해괴(駭怪)한 사례는 사위가 장인, 장모에게 아버지, 어머니라고 부르는 거다. 자기를 낳아준 사람을 아버지, 어머니라고 하는데 어찌 남(他人)인 장인, 장모를 부모의 호칭으로 쓰는가? 알다가도 모를 일이다. '처가 예쁘면 처갓집 말뚝을 보고도 절을 한다.'는 아첨형(阿諂型) 언어인가, 아니면 처갓집과 더 가까이 하기 위한 돈 안 쓰는 '제스처'인가. 그도 아니면, 처의 부모도 내 부모와 같다(?)는 깊은 뜻이 있는 것인가, 말도 안

되는 소리에 불과하다.

또 뜻이 헷갈리는 언어 중에 '오빠'가 있다. 오빠는 오라버니의 어릴 때 부르는 호칭이다. 당연히 나이 들면서 '오라버니'로 부르는 것이 당연한 언어 질서다. 그런데 이 오빠라는 호칭이 남편에게 거침없이 쓰이고 있다. 왜 남편이 오빠가 되는가? 자신의 핏줄인 오라버니에게도 오빠라 하고 남편에게도 오빠라고 하다니, 불과 이삼십 년 전만해도 이런 집안이 있다면 콩가루 집안으로 용서받지 못했을 것이다.

우리 조상들은 예의범절(禮儀凡節)의 으뜸을 언어 예절에 두었다. 언어는 그 사람의 마음이고 인격이다. 바른 말, 좋은 말을 하기 위해 노력했다. 언어는 그 사람의 품격을 가늠하는 잣대로 비어(卑語), 속어(俗語), 상말은 그 뜻을 알아도 입에 담지 않았다. 미천(微賤)한 말은 쓰지 않으려 했다는 말이다. 말의 품격(品格)을 높이기 위해 존댓말을 만들었다. 존댓말은 존경어(尊敬語)이다. 어른들을 공경하기 위해 쓰는 높인 말이고 상대를 높이는 접대언어다. 영어에 존댓말이 없는 것을 중학교 때 알고는 영어가 배우기는 편한 듯해도 품위가 없는 무식한 언어라고 생각한 때도 있었다. 북한의 김일성은 아버지 동무, 어머니 동무로 동무라는 단어로 아버지, 어머니의 존엄을 깎아내리며 자신의 위상은 높인다. 이쯤 되면 할 말을 잃게 된다.

언어도 언어문화가 있다. 생명력이 있다는 뜻이다. 좋은 언어란 갈고 닦으며 생명력을 이어가는 것이다. 언어를 바르고 곱게 쓰는 일은 무엇보다 중요하다고 생각한다.

2부
인생 백세시대의 삶

인생 백세시대의 삶

100세 시대라고 한다. 65세부터 老人으로 입문하면 나라에서는 여러 가지 혜택을 준다. 인간의 수명이 길어지면서 '100세까지 살 수 있다.'고 희망을 주는 이야기는 이해가 충분히 가지만 오래 살아보지 않은 사람들의 희망을 주는 이야기일 뿐이지 철석같이 무턱대고 믿을 수는 없다. 65세부터 노인의 시작으로 100세까지 살아가려면 무려 35년을 살아야 하는데 5~6년 10년도 아니고 35년을 살 수 있다면 이 얼마나 꿈같은 이야기인가 싶다.

65세를 넘기는 사람은 많을지 모르나 100세까지 살려면 그 생존율은 점차 희박해져서 100세 시대란 뜬구름 잡는 이야기가 아니겠는가 싶기도 하다. 지금 평균수명이 80세라면 앞으로 20년을 더 살 수 있어야 한다. 100세까지 그 오랜 시간을 잘 넘기자면 얼마나 무수한 고통을 넘겨야 할지, 참으로 걱정스럽기도 하다. 늙는 것은 자연히 되는 것이 아니라 병고와 외로움, 무수한 고통과 싸워야 한다. 거저 100세가 되는 것이 아니다.

무슨 병인지 모른 채 골골하면서 사는 사람, 허리나 관절이 튼튼하지 못하여 집안에서만 고생하는 사람, 망각증에 걸리고 치매를 앓는 사람, 병상에 누워 식물인간으로 연명하는 사람, 갑자기 쓰러졌다가 손발을 못 쓰고 절룩거리는 사람, 두 내외 중 홀로남아 홀아비나 과부가 되어 외로움으로 무의미한 생을 이어가는 사람, 처방해준 약을 한 보따리씩 먹으며 생명연장을 위해 싸우는 사람, 99, 88, 2, 3, 4,라고 99세까지 팔팔하게 살다가 2, 3일 앓다가 4일만의 죽는 것이 가장 행복한 삶일 거라 여기지만 글쎄, 사람마다 건강유지가 다르기에 무병장수하기가 그렇게 쉬운 일이 아니다.

옛날에는 평균수명이 50이 안되었을 때도 있었으니 70고래희(古來稀)란 말은 70세 살기가 어려웠다는 말이니 참으로 격세지감이 아닐 수 없다. 개똥밭에 굴러도 저승보다 이승이 좋다고 하였으니 지금이 옛날보다 얼마나 행복한지 감사할 따름이다. 생명을 부지하고 있기에 오늘은 행복하지만 내일의 삶은 한 치 앞도 내다볼 수가 없다. '밤새 평안하셨습니까?'라는 말처럼 우리 몸 어디에서부터 잠복하고 있던 병균이 언제 극성을 부리고 죽음으로 내 몰지 모르며 살고 있다. 유효기간을 넘긴 우리 몸의 여러 기능과 기관들이 내일도 오늘처럼 무사하다고 보장할 수 없으니 산다는 것이 죽음을 옆에 두고 저승사자와 동행하고 있는 것이 아닌가 싶기도 하다.

그런데 내 생명은 내 마음대로 어쩌지 못하지만 세계에서 이렇다 하는 과학자, 의사, 미래학자들은 인간 100세를 건강하게 살 수 있는 '매뉴얼'이 있다고 이구동성으로 떠들고 있다. 자기들 생명도 어찌될 건지 잘 모르면서 노인들이 해야 할 네 가지의 '매뉴얼'만 지킨다면 100세를 보장한다고 떠들어댄다.

첫째, 100세까지 걸어 다니다 죽으려면 '운동하라'는 거다. 하루 동안 의도적으로 걷기운동 30분을 꼭 해야 한다는 거다. "나는 100

세까지 걸어 다니다 죽을 것이라는 신념으로 열심히 운동을 하는 것이다.”

둘째, 100세까지 치매 걸리지 않게 살자는 거다. 육체는 운동으로 보장된다면 치매라는 정신병에 안 걸리려면 TV 보는 것도 좋고 뭔가 새로운 것을 생각하고 궁리하라는 것이다. 생각을 하는 것은 뇌를 운동시키는 행위이고 뇌가 활성화된다는 것이다.

셋째, 100세까지 현역으로 뛰라는 것이다. 정년을 했어도 또 새 일을 찾아 매진하라는 것이다. 비록 보수는 형편없어도 생산적인 일이나 봉사활동 같은 일자리를 찾아 바빠야 한다는 것이다.

넷째, 100세까지 우아하고 씩씩하게 멋을 내자는 것이다. 나는 아직 삶을 즐기고 있다는 마음가짐으로 맵시 있게 꾸미고 스스로 사랑하고 자신감을 가지라는 것이다.

이렇게 100세까지 건강하게 산다면, ‘100세까지 살 수 있는 방법’이라고 증언할 수 있는 역사적 인물이 될지도 모르겠다.

장수플러스 시대

지난 3월에는 동사무소로부터 한 통의 통지서를 받았다. 필자에게 장수(長壽) 수당을 지급하겠으니 신분증을 지참하고 나와 달라는 것이었다. 금액은 월 2만원씩 지급한다는 것이다. 신고를 마치고 동사무소를 나오면서 '장수수당'의 장수라는 어휘가 집에 오기까지 남아있었다. 다른 사람보다 오래 살았으니 장수요, 평균 나이를 넘어섰으니 '장수'는 맞는데, 다른 한편으로 죽는 날의 종착역이 가까이 왔음을 의미하는 것 같다. 이제 그날을 향해 출발 탄을 쏜 첫째 날이요, '장수플러스'의 시간을 살고 있음을 의미한다.

옛날 같으면 아주 희귀한 삶을 내가 살게 된 것이다. 사실 '장수'란 누구에겐 복(福)이 되고 누구에겐 누(累)가 되는 것이다. 오늘의 '장수'란 누구에겐 지루할 수 있고 누구에겐 살만한 가치가 있다고 춤을 출 수도 있는 것이다. 내 나이 또래의 사람들이 80을 넘기지 못하고 타계한 친구들을 생각하며 '장수'는 나에게만 주어진 유일한 인생인 것이다. 또 자신의 명을 다하지 못하고 스스로 목숨을 끊는 노인에겐 얼마나 삶이 지루했으면 남은 생을 견디지 못하고 극단적 선택을 했을까 하는 연민의 정을 느끼게도 한다.

필자가 10년 전 쯤 처음으로 휴대폰을 구입하고 이 안에 친구나 친척 등 지인들의 전화번호를 입력해놓았지만 90여 개에 달하는 이 전화번호 중 실제로 사용해본 번호는 10여 개에 불과하고 나머지는 별로 사용한 기억이 가물가물하다. 이번에 요금이 싸다는 '폰'으로 바꾸면서 다시 한 번 점검하게 되었다. 저승으로 먼저 간 친구의 번호가 그대로 남아있고 전화번호가 바뀌었다는데 내 '폰'에는 고치지 못한 번호가 수두룩했다.

문득 생사가 궁금한 친구에게 저장된 번호대로 전화를 걸었더니 신호가 갔다. 전화를 받으면서 이 친구 대뜸 한다는 소리가 "야! 너 아직 안 죽었어?"하며 너스레를 떠는 것이었다. "그려, 너도 살아 있었구나! 반갑다. 야! 억지로 죽는 거 아니잖아! 죽기도 힘들고 살기도 힘이 드는구나!" 저쪽에서 들려오는 소리 "야야 네 나이에 조강지처 살아있으면 행복한 거야!" 이 친구는 상처한지 5년 쯤 되었다는 이야기다. 인생을 달관이나 한 듯 행복론을 한참 펼쳤으며 우리는 유쾌하게 웃었다. 장수플러스 시대의 대화라고 생각했다.

오늘의 장수플러스시대는 이제까지 인류가 많이 겪어보지 못한 세상을 살고 있다. 옛날 노인들은 오래 살고 가진 못했어도 지금보다는 행복했을 것 같다는 생각이 든다. 충(忠)효(孝)나 삼강오륜이 살아있는 시절에는 실제로 노인을 공경하고 받들어 모셨다. 가정이나 동네나 사회에서 대접을 받고 살았을 것이다.

지금의 장수플러스 시대에는 나이 먹으며 여러 가지 정신적, 육체적 장애를 일으키며 병고(病苦)에 시달려 연명한다. 오래 사는 만치 외롭게 산다고 해야 하나? 우선 기억력이 가물가물해진다. 꾸물대고 활달하지 못하다. 아무리 의술이 좋아도 한계가 있다. 걷기도 힘들고 조심스러워진다. 눈총 받으며 피하려고 한다. 앉았다 일어나기도 힘들고 젊은이들과 나란히 가기도 힘들다. 시력은 떨어져 10년 지기도 코앞에 있어야 알아보고 목소리로 확인하기도 한다. 소리는 들리는 것 같은데 그 뜻을 바로 해석하지 못한다. 오감의 기능이 떨어지니 매사에 꾸준하지 모하고 의욕이 떨어지게 된다.

버스를 타고 내릴 때 층이 높아 절절매고 어디에다 교통카드를 대는지 정확하지 못하다. 노약자석이라고 하는 곳, 휴대폰을 두드리는 젊은이 앞에 멀거니 서 있기도 민망하고 서울 종로거리를 횡단하려면 껌뻑거리는 신호등을 보며 100m 달리기를 해야 한다,

술집도 카페도 노인들이 앉을 자리는 없다. 영화라도 한 편 볼라치면 '엘리베이터'를 타고 몇 층인가 올라가서 내리고 정확히 표를 끊고 지정석까지 찾아가서 앉기까지 그리 쉽지 않다. 오페라나 음악회도 가보고 싶지만 교통편, 귀가 길 등 집에 오기까지 고생을 사서 해야 한다. 노인들을 위해 만들었다는 '콜라텍'이나 '7080카페'도 춤을 출 줄 알고 노래라도 부를 줄 알아야 한다.

늙은이 손 잡아줄 여자도 없고 춤을 추어봐야 보기 좋은 그림도 못 된다. 언제부터인가 단체관광을 가면 넓은 고궁을 걷거나 높은 사찰을 제대로 오르지 못하고 기권하여 세워둔 관광버스로 와서 쉬는 신세가 된다.

이제 장수플러스 세대는 모든 것을 내려놓아야 한다. 자신이 몰

던 자가용에서도 하차하고 취미생활, 오락에서도 손을 놓아야 한다. 100세 시대를 살려면 앞으로도 20년을 더 살아야 하는데 어떻게 살아야 할지 노인플러스세대는 역사상 없었던 큰 고민에 빠지게 되었다.

'잘 죽기 위해 산다.'는 넋두리

우리나라 노인의 사망연령이 81.9세라고 한다. 내 나이와 이 노인 사망나이를 비교하니 나의 남은 생은 불과 1년 정도가 남은 셈이고 100세 시대를 바라보면 20년 가까운 세월이 기다리고 있다. 평균나이를 살고 가면 억울할 것도 없는데 공연히 무엇인가 촉박한 느낌이 들고 누가 따라오며 떠미는 것 같기도 하다. 혹시 저승사자일지도 모른다. 죽음에 대한 두려움보다 어떻게 건강하게 하루를 살 것인가가 더 걱정된다.

내 어머니는 100세를 좀 더 살다가 돌아가셨는데 임종 말년에는 치매를 앓다가 돌아가셨다. 가족을 애타게 하셨지만 당신께선 평생을 낙천적 심성을 잃지 않고 가셨다. 가끔씩 찾아뵙는 자식을 마주하고는 '당신 누구세요?'라고 하여 온 식구가 웃고 넘긴 때가 있었다. 그때 본인이 느낀 것은 '자신을 잊는 가벼운 치매'는 오히려 죽음을 슬프고 외롭게 하는 것이 아니라는 생각을 했었다.

그때 자식이 느낀 어머니는 무표정이고 외롭지 않으셨다. 이미 어머니의 영혼은 어딘가에 가 있었다. 적당히 앓다가 가족도 몰라보며 죽는 것은 혹시 신이 내린 인간의 이별 중 한 종류일거라 생각했다. 얼마 전에 100세 시대를 사는 노인의 삶에 대하여 쓴 글을 보았다. 노인에게 있어서 가장 중요한 것 세 가지를 꼽았는데, 첫째가 연골이고, 둘째가 인간관계, 셋째가 할 일이라 했다.

첫째 연골은 가장 중요한 요소다. 우리의 몸은 204개의 뼈 조각으로 구성되었다고 한다. 뼈와 뼈 사이에는 연골이 있어서 우리의 몸을 유연하게 하는 구실을 한다. 연골이 약해지면 걷기도 힘들고 일어나고 앉는 것도 힘이 든다. 기계로 말하며 마찰이 되는 곳에 윤활유를 쳐서 잘 돌아가게 하는 것이다. 걷기운동을 꾸준히 하여 연골을 튼튼히 해서 죽는 날까지 불편 없이 움직이고 튼튼한 다리로 어디든 다닐 수 있어야 한다. 생명은 부지하면서 움직이지 못하게 되면 이는 온전한 삶의 모습이 아닐 것이다, 움직일 수 있어야 한다.

두 번째로 우리에게 요구하는 것이 '인간관계'라고 했다. 가정의 화목이 중요하고 경로당이나 어떤 모임에 나가서도 자신으로 인하여 그 모임이 즐거워야 한다. 서로가 반목하고 비난하며 자신으로 인하여 좋지 않은 일이 생기지 않도록 인간관계를 맺어야 한다. 늙을수록 화를 내고 삐지고 남을 비난하지 말아야 한다. 얼마 남지 않은 삶이란 생각으로 남을 배려하고 베풀라고 가르친다. 오늘날 도덕이 땅에 떨어졌느니, 삼강오륜이 붕괴되었느니 하면서 탄식한다. 옛날에는 '무엇을 배워 행할 것인가?'하는 삶의 '모토'가 있었고 삶의 가치가 있었으나 지금은 찾아보기 어렵다. 누가 나라를 걱정하며 부모에게 효도하는가. 오륜에서 가르친 부자유친이나 부부유별,

장유유서, 붕우유신 같은 덕목들은 모두 잃어버리고 사는 건 아닌지 걱정스럽다. 사회생활을 하면서 내 고집만 부리고 남을 이해하지 못하면 남이나 나나 모두 스트레스를 주고받게 된다. 늙을수록 인간관계를 돈독히 하며 살아야 한다.

셋째로 노인에게 필요한 것은 할 일이다. 할 일이 있는 곳에는 항상 생기가 돈다. 일이 즐겁기 때문이다. 요즘은 거리에 나가면 할아버지 교통안전요원이 깃발을 들고 학생을 비롯한 사람들의 교통을 정리하는 모습이나 거리에 마련된 작은 꽃밭을 가꾸는 모습을 보게 된다. 사회봉사다. 지금은 읍, 면, 동사무소마다 평생학습 프로그램을 운영하고 있으며, 문화원이나 노인복지관, 반월아트홀, 도서관 등에서 노인들의 취미활동을 위한 다양한 프로그램이 기다리고 있는데 이러한 프로그램에 참여하면 친구도 생기고, 같은 취미활동을 하는 이웃들과 교류하는 것도 즐겁고 보람된 일이라 할 수 있다.

삶이란 끊임없이 '에너지'의 충전과 소모의 반복이다. 잘 먹어야 하고, 운동해야 하고, 즐거운 인간관계를 유지하며 할 일을 찾아 돌아다녀야 한다, 바쁜 일과로 에너지를 소모시켜야 한다. 우리는 누구나 어느 날 예측할 수 없는 날에 죽을 수도 있다. 하루를 행복하게 살며 행복한 죽음을 맞이할 수 있을까? 결국 인생은 잘 죽기 위해 살고 있는 것인지도 모른다.

오래 산다고 행복할까?

요즈음 TV에 방영되는 아프리카 어린이의 뼈만 앙상한 모습으로 엄마 품에 안긴 모습을 매일 본다. 우리의 먼 옛날 같기도 하고 스쳐 지나간 우리의 어린 시절 같기도 하여 가슴이 뭉클하기도 하다. 우리의 어린 시절도 지금의 아프리카와 큰 차이가 없었던 것 같다. 우리의 부모들도 그때는 10남매, 15남매를 낳으면서 3, 4명이나 5, 6명씩 자식을 병으로 희생시키며 삶을 이끌어 왔다. 비록 살아남아도 40세 이하에서 죽고 남은 사람들이 이 나라 역사를 근근이 이어왔다. 아는 병으로 죽고, 모르는 병으로 희생당했다. 의학이 발달하지 못한 시대의 무지(無智)와 낙후성(落後性)은 어쩔 수 없는 희생이 따르고 이를 운명으로 받아들였다.

지금 우리나라는 '코로나19'로 나라가 정상적으로 운영되지 못하고 있다. 인간의 生命을 위협하는 이 병균의 확진자수는 하루에도 수백 명에 이르고 있다. 언젠가는 가라앉겠지만 나라전체가 불안에 떨고 있다. 인간의 역사와 같은 시기에 병마도 시작되었다. 의학이 발달하면서 인간을 해치는 병균도 진화해 왔다. 슬기롭게 싸워 이기는 길 밖에 없다. 그 근거는 우리의 의학을 믿기 때문이다.

일제 강점기에 전염병, 열병을 앓는 아이들이 ○○종합병원에 입원을 시키면 대부분 아이들이 죽어서 나온 병원이 있었다. '○○병원에 갈 놈'이란 악명이 높았는데 이 병원에 입원한 아이들이 열이 나니까 냉찜질을 하였기 때문에 오진 치료로 죽게 되었다는 것이다. 당시는 병원이 있어도 열악하기 때문에 오진이 빈번하였다. 종합병원이 이러하니 어디에 하소연할 것인가, 이때 우리의 부모들은 아이들 병에 사약을 쓰거나 동네 돌팔이의사의 처방이나 아니면 굿판을 벌여 악귀를 쫓거나 '푸닥거리'를 하여 병을 고치려 한 것이 전부였다.

인간이 병균과의 싸움에서 방어하는 무기는 면역력과 의학뿐이다. 면역력은 우리 몸의 방패와 같다. 병균이 침입할 때 최전방에서 막아내는 것이 면역력이고 총칼로 싸우는 것이 의학이다. 이 면역력이 병균과 싸워 이기지 못하면 우리 몸은 병이 들 것이고 막아낼 수 있다면 건강을 지킬 수 있는 것이다. 이 면역력은 우리 몸을 튼튼하게 지탱하여 보호막을 만들어주었다. 잘 먹고 적당한 운동을 통하여 스스로 만들어내야한다. 면역력이 약하여 온갖 병마와 싸워지게 되면 병에 걸리게 된다. 병균이란 건강의 적도 여러 형태로 변형(變形)되면서 인간의 약한 몸에 공격을 가하게 되는 것이다

현대는 아무리 과학이 발달해도 인간의 죽음을 막지 못한다. 아침에 집에서 나와 자가용에 앉는 순간 죽음이 좀 더 가까이 와 있다. 자신의 잘못이 없는데도 사고는 일어난다. 그뿐일까? 인류가 병으로 죽기도 하지만 다른 요인으로 생명을 잃는 것이 더 빈번하고 지금도 진행 중이다. 전쟁은 살상무기를 동원하여 많은 사람을 한꺼번에 살상하고 같은 종족이면서 이념이 다른 민족끼리 죽이고 죽

는 전쟁을 끝없이 행하고 있다. 종교가 다르다고 전쟁을 일으켜 죽는 사람은 얼마나 많고, 교통사고로 허무하게 죽는 사람은 또 얼마나 많은가. 이 세상은 온통 죽음의 문명(?)으로 가득하다. 언제 어느 유탄(流彈)에 맞아죽을지 불확실한 시대에 살고 있다.

지금 우리는 인간수명 82세에 살고 있으며 100세 시대를 노래부르고 있다. 고령화 시대를 살 수 있게 노인들이 조건을 갖추려면 이 또한 쉽지 않다. 생명의 연장에는 재력이 필요하다. 돈 없으면 모든 행복의 욕망을 포기해야 한다. 두 번째는 부부가 함께 건강하게 같이 사는 것도 대단한 행복이다. 이런 행복을 갖지 못할 때 노인들은 우울증이나 고독증이 찾아와서 괴롭힌다. 삶의 의미를 잃을 때 자살의 유혹도 물리칠 수 없다. 돈도 있어야 하고 부부가 해로해야 행복할 수 있다. 불행하게도 부부가 이혼을 했거나 사망한 경우 행복의 일부를 벌써 잃은 것과 다름없다.

백년해로(百年偕老)한 '잉꼬부부'의 행복이 인생 최고의 행복이라고 가르치고 있다. 그렇다고 인간이 오래 사는 것만이 행복이라고 과연 할 수 있을까?

늙음과 죽음의 사이

언제부터인가 노인(老人)의 연령이 60세에서 65세로 상향이 되었다. 65세 이상이면 전철도 무료고 박물관이나 고궁 입장이 무료다. 65세 이상이어야만 할인해주는 사찰이나 온천도 있다. 앞으로 인간 수명이 100세라면 노인이란 기초 연령도 지금의 65세에서 90세 쯤으로 올라갈 수 있을 것이다. 실제로 100살이 넘게 사는 사람들이 계속 증가하고 있다. 전 세계적으로 100세 이상 노인 인구는 45만 명에 이르고 있다. 백세인은 미국과 일본이 가장 많이 살고 있는데 작년 8월 통계에 미국에는 9만 6000명, 일본에는 3만 6000명이나 살고 있다. 우리나라 2005년 말의 통계는 961명이다. 그런데 이 961명 중 남자는 104명(10.8%)에 불과하고 여자가 867명(89.2%)으로 단연 여자가 앞서고 있다.

세는 나이로 늙음의 기준을 잡지만 죽음이라는 인생의 종착은 나이순이 아니다. 늙음과 죽음의 사이를 어떻게 아름답고 행복한 삶을 누릴 수 있을까가 모든 老人들의 염원이다. 죽는 것은 두렵지 않으나 고통 없이 자녀에게 신세 안지고 떠날 수 있기를 바라는 마음뿐이다. 가까이에 있는 친구나 이웃이 하나둘 병이나 사고로 사라지면서 자신에게도 죽음이 가까이 와 있다는 확신을 갖게 한다. 저승사자의 환영이 어른거리기도 한다. 저승사자는 모든 노인에게 행복한 죽음을 주지 않는다. 아프게 하여 고통을 주다가 데려가기도 한다.

고생을 시키고 1년, 때로는 5년씩 병상에 두었다가 人間의 진을 다 빼고 데려가기도 한다. 내 의지로 죽고 싶지만 뜻대로 되지 않는다. 어떻게 하면 죽는 날까지 무병(無病)으로 장수(長壽)할 수 있을까? 무병과 장수는 인류학자나 과학자, 미래학자들의 연구 과제다. 그리고 그 방법이 네 가지로 나와 있다. 하지만 이 네 가지로 제시하는 방법이 최상일 수가 없다. 사람은 운명적(運命的)이기 때문이다. 일률적이지 않다는 것이다. 공평하지 않다는 것이다.

네 가지 조건이란 누구나 다 아는 것이다. 식사(食事), 운동(運動), 정신건강(精神健康), 사회활동(社會活動)이 그것이다.

첫째. 식사는 섭생(攝生)이다. 소식(小食)을 하라고 한다. 많이 먹어서 포만감을 느끼지 말라는 것이다. 식탐(食貪)을 버리고 영양가 있는 채식을 권고하고 있다.

두 번째, 운동은 하루에 30분 정도 걸으라는 것이다. 이는 노쇠해 진 우리 몸의 모든 기관을 모두 움직여 녹슬지 않게 하라는 의미이다. 운동을 하면 기분도 좋아진다.

세 번째, 정신건강은 머리를 써보라는 것이다. 생각하고 궁리하고 말하고 보고 느끼며 웃고 살 수 있는 감각적 활동은 뇌 건강에 좋을 것이다.

네 번째, 사회활동은 참여하는 것이다. 이곳저곳 오라는 곳이 없어도 참여의 의지로 여러 사람과 만나고 나의 존재를 확인해 보는 기회를 갖자는 것이다. 더불어 사는 일이나 봉사활동이라면 더 큰 활력(에너지)을 줄 것이다.

이 글을 쓰는 사이 이해인 수녀(修女) 시인(詩人)의 「12월의 편지」라는 시를 보았다. 오늘 이 시간은 「내 남은 생애의 첫 날」이며 「어제 죽어간 어떤 사람이 그토록 살고 싶어 하던 내일」이라고… ….

오늘은 늙음과 죽음 사이에 있는 날이다. 어떻게 사는 것이 가치로운 것인지 생각하며 사는 것도 의미가 있을 것이다. 늙음과 죽음 사이에서 많은 것을 생각하게 한다.

노인(老人)과 저승사자(使者)

사람은 늙을수록 저승이 가까워진다. 저승을 가려면 저승사자의 안내를 받아 가게 된다. 저승사자란 노인에겐 으스스한 존재로 가까이 하고 싶지 않지만 언젠가는 저승 '가이드'를 따라가야만 한다. 우리는 저승이란 세상을 알지 못한다. 다녀온 사람도 없고 본 사람도 없기에 미지의 세상이다. 젊은이에겐 구만리(九萬里)처럼 멀고, 늙은이에겐 대문 앞에 있는 것이라 했다. 또 저승이 어떻길래 거꾸로 매달려 살아도 이승이 저승보다 낫다고 하는 것일까.

저승을 안내하는 저승사자란 귀신일까 도깨비일까, 아니면 유령일까, 잘 모르겠다. 필경 서양 귀신은 아닐 테고 옥황상제가 내려보낸 파견관쯤으로 지위도 높으면서 도처에 도사리고 있을 것 같다. 병중(病中)에 있는 노인네 가까이도 있고 병원 중환자실 근처나 차량 통행이 많은 고속도로에도 도사리고 있을 것 같다. 해변이나 산이나 젊은이들이 많은 곳에도 대기하고 있다가 익사, 추락사 등으로 끌려가기도 한다. 나이 많은 노인들에겐 화려한 날의 추억보다 당장 오늘 내일이 불안하다. 눈이 침침해도, 이가 흔들려도, 귀가 먹먹해도 불안하다. 무릎이 쑤셔도 허리가 아파도 걱정이다. 혈당이나 혈압이 높아도 근심이 태산 같다. 저승사자가 좀 더 가까이다가오기 때문이다.

가까이 있던 친구가 하나둘 백가지 병으로 세상을 뜰 때, 허망하고 우울해진다. '칸트'라는 철학자는 '늙고 병 들면 친구, 일, 재산, 애인을 잃는다.'고 했다. 그뿐이랴 아름다움과 미소, 희망과 의욕, 그 어느 것도 얻지 못한다고 했다. 부고(訃告)를 접하는 일도 요즈음엔 문자메시지로 사망소식이 오면 조문하는 발걸음이 무겁다. 앞서거니 뒤서거니 가야할 길이면서 몇 발짝 늦게 간다고 그게 무에 그리 행운이겠냐. '나도 언젠가'는 하는 죽음에의 떠밀림을 느끼게 된다. 이럴 때마다 저승사자는 더 가까이 주변을 맴도는 것 같다.

저승길이 가까운 노인들에게 공통적 화두(話頭)가 있다면 '죽는 것은 두렵지 않으나 어느 날 갑자기 아프지 않게 사라지는 것'이라고 한다. 자기 뜻대로 죽을 수 없다는 것을 잘 알면서도 편안한 죽음, 자식들에게 피해 덜 주는 죽음을 희망하고 있다. 저승사자는 그러나 누구만 좋게 끌어가지 않는다. 이런 좋은 죽음이 있다면 우리는 유종(有終)의 미(美)라 해도 좋을 것이다. 저승사자는 심장마비나 뇌일혈 같은 충격요법을 써서 데려가기도 하지만 일주일쯤 고통을 주다가 또는 한 달쯤 울부짖게 하다가 끌어가기도 한다. 온 가족이 애간장을 태우게 하고 고생시키다가 재산까지 다 날리게 하고 잡아가기도 한다. 장병(長病 : 긴병)에 효자 시험하는 건지 1년, 2년 심지어 5, 6년까지 대소변을 수발들게 하다가 산 사람의 진을 모조리 빼고 난 후에야 끌어가기도 한다. 아니면 치매를 앓게 하여 미친 늙은이로 변신케 하여 생전의 좋은 모습을 깡그리 걷어버리고 아픈 이별을 하기도 한다.

사고를 일으켜 처참한 모습을 세상에 견학시키고 끌어가는 것은 어떤가. 저승사자는 불쌍한 늙은이라 해서, 5대 독자라 해서 봐주지 않는다. 뺑뺑이 판 돌려서 복불복 맞추듯 그 화살촉은 아무나 누구에게나 무작위로 꽂힌다. 무소불위(無所不爲)의 권한이다. 사정이 안통하고 용서가 없다. 구사일생(九死一生)으로 용케 살아남게 하거나 비명횡사(非命橫死)하는 특별한 죽음은 저승사자가 즐기는 게임(GAME)이 아닐까.

노인(老人)의 자살(自殺)

노인의 수명이 길어지면서 스스로 목숨을 끊는 노인이 점차 늘어나고 있다. OECD 국가 중 우리나라가 자살률 세계 1위를 차지하고 있다. 잘 살게 되었다는데 더 오래 살게 되었다는데 왜 이 좋은 세상을 포기하는가, 인간의 수명과 자살이 비례한다면 오래 산다는 것은 행복하지 않다는 반증일지 모른다.

자살이란 인간에게 '인간의 존엄을 포기'하는 행위다. 귀한 생명을 버린다는 것은 애절하고 말 못할 사연이 있기에 그럴 것이라 추측하지만 도대체 무엇이 노인을 자살로 몰아가는가. 한국이 세계에서 열 번째 이내로 잘 사는 나라라는데 왜 이 좋은 세상을 하직하려는지 걱정스럽다. 나도 모르는 사이 이 사회는 깊은 병에 걸렸는가 보다.

우리는 오래 전에 잘 사는 데만 덤벼들었지 사람의 도리를 행하는 도덕은 등한시 했다. 우리가 유사 이래 수천 년을 이어왔던 충효(忠孝)를 근본으로 한 삼강오륜(三綱五倫)을 버린 것이 아닌가? 우리에게 삼강오륜은 가족과 이웃과 인간관계를 지키며 살려는 불문율(不文律)이 아니던가. 생후 네 살만 되어도 아이들에게 가르치고 행하게 하였다.

지금 가정이 황폐화 되고 교육이 제 구실을 못하고 인간관계가 소원해진 이유는 어디에 있는가. 우리는 열심히 살았다고 자부하지만 정말 가치롭게 살았다고 할 수 있을까. 노인에게 죽음이 가까워질수록 외로워진다. 가족이나 이웃이 이 외로운 노인을 돕지 않으면 노인은 우울증, 절망감, 스트레스, 치매 등의 병으로 자살의 유혹을 벗어나지 못할 것이다.

지금 우리나라에 118만 명의 독거노인이 있다고 한다. 어디 이뿐이겠는가. 가족은 있어도 관심 밖으로 내몰려진 노인도 있고 병에 시달리는 노인도 외롭기는 마찬가지다. 이들은 모두 자살의 유혹을 받고 있는 노인들이다. 삶의 재미를 못 느낀다면 누구나 비관적인 생각을 가질 수 있다.

옛날의 노인들은 요즈음처럼 오래 살지 못했다. 단명(短命)으로 평균수명은 50세도 못 되었다. 오죽하면 인생 70 고래희(古來稀)라 했을까. 그래도 그 시절엔 가족이나 사회의 존경을 받고 살았다. 요즈음의 노인들은 더 힘들다. 세상이 좋아졌으니 인류가 생겨난 이래 처음으로 오래 살게 되었다. 오래 사니 좋아라 춤추고 싶은데 흥이 나지 않는다. 주위의 모든 사람이 노인을 피한다. 대화하려 하지 않고 멀리 하려고만 한다. 멋대로 사는 세상이 된 것 같다.

오래 사는 것도 유사 이래 처음이니 오래 사는 법도 배워야 한다. 장수 노인시대에 대한 새 역사를 만들어야 할 텐데 방법을 모른다. 가르쳐 줄 선배가 없다. 노인 살기가 점점 어렵다고 한다. 옛날이 그립지만 살아보지 않아서 모른다.

단지, 다시 효(孝)가 중심이 되는 미풍양속의 도덕사회가 그리워진다. 무슨 잠꼬대 같은 소리냐고 할 테지만 우리 주위의 도덕이 멀어질수록 자살하려는 노인과 자살하는 노인은 줄지 않고 증가하리라고 단언할 수밖에 없을 것 같다.

생명의 존엄성

세 모녀는 서울 송파구에서 살았습니다. 이 집의 가장인 아버지는 몇 년 전에 병으로 죽자 세 식구만 살게 되었습니다. 어머니는 내년이 환갑이고 큰 딸은 서를 다섯 살로 몸이 건강치 못하고 작은 딸은 서른두 살로 시집도 못가고 친구도 별로 없이 바깥출입을 거의 안하는 외톨이였습니다.

이 집의 생활을 이끄는 엄마는 아침부터 저녁 늦게까지 음식점에서 설거지와 청소를 해주고 한 달에 120만원을 받아 사글세를 내고 공과금을 내고 세 식구가 근근이 살아갑니다. 이 집엔 엄마가 벌지 못하면 굶어야 합니다. 그래도 이 세 식구에게는 언젠가는 잘 살 거라는 희망을 갖고 단란하게 살고 있었습니다. 이 세 모녀의 가정에 어느 날 큰 일이 일어났습니다. 엄마가 일 나가다 얼음판에 미끄러져 넘어지고 팔이 골절되었습니다. 병원에 가서 '깁스'를 하고 응급처치를 하여 몸에는 큰 이상이 없었지만 골절된 몸으로 직장을 쉬게 되었습니다. 집에서 요양을 하며 다시 취업할 수 있기를 기다리고 있었습니다. 엄마는 다친 날부터 월급이 나오지 않았습니다. 당장 큰일이었습니다. 이제 가진 돈은 70만원뿐입니다. 먹고 살 일이 까마득했습니다. 70만원은 밀린 방세와 공과금 등 갚아야 하는 돈입니다. 보증금 500만원 월세가 38만 원으로 엄마는 이 집에서 만 7년을 살면서 단 한 번도 집세나 공과금을 밀려본 적이 없었습니다. 세 모녀가 자살하던 날 엄마는 아무 말도 하지 않았습니다. 세 모녀는 벌써 오래 전에 이미 묵계가 된 약속이었습니다. 두 딸도 엄마의 행동을 지켜보며 말없이 있었습니다. 엄마는 봉투에 있는 돈을 세어보고 다시 봉투에 넣었습니다. 그리고 그 봉투 뒤에 볼펜을 가져다 또박또박 썼습니다.

'주인님 밀린 공과금입니다. 그동안 고맙고 미안했습니다.'

엄마의 유서는 간단했습니다. 두 딸은 그냥 옆에서 보기만 했습니다. 엄마는 작은딸에게 커다란 양은쟁반하고 연탄불 붙일 때 쓰는 번개탄을 가져오게 했습니다. 엄마는 창문을 잠그고 출입문도 잠갔습니다. 그리고 딸이 썼던 작은 침대로 출입문을 가로로 막았습니다. 번개탄의 종이를 벗기고 손으로 라이터를 켜서 번개탄의 가운데 구멍에 불을 붙였습니다. 불꽃이 탁탁 소리를 내며 세차게 타올랐습니다. 화약 타는 냄새를 풍기며 번개탄은 타오르기 시작했습니다.

'이제 자자!' 엄마의 한마디에 엄마가 누운 양쪽으로 큰 딸, 작은 딸이 엄마를 끌어안고 누웠습니다. 작은 벽에는 아버지까지 네 식구의 사진이 이들 세 모녀를 내려다보고 있었습니다. 세 모녀는 이 세상 누구도 원망하지 않고 하늘나라로 갔습니다.

지난 2월 27일 생활고를 이기지 못한 세 모녀는 집단 자살을 했습니다. 이 이야기를 소설처럼 써보았습니다. 실감이 나지 않습니다. 설화나 소설이라면 얼마나 좋겠느냐고 생각해보았습니다. 이

슬픈 사연을 전해 듣고 참으로 슬픈 감정을 억제하지 못했습니다.

우리는 누구나 생명의 존엄을 압니다. 내 생명이라고 함부로 할 수 없습니다. 똥밭에 굴러도 이 세상은 저승보다 낫다고 했습니다. 죽을 결심까지 한다면 무슨 짓인들 못하냐고 나약한 인간의 성품을 꾸짖기도 합니다. 어떻게 살아야 이 험한 세상을 자살의 유혹 없이 헤쳐 나갈 수가 있을까요? 이들 모녀의 집단 자살에서 어떤 삶의 답을 찾아낼 수 있는지 우리를 고민하게 합니다.

누가 뭐래도 생명의 존엄은 지켜져야 합니다.

백세인생

- 아직은 쓸 만하니 못 간다고 전해라 -

작년부터 유행하는 '백세인생'이란 노래가 있다. 53세 된 이애란이란 무명가수가 유행시킨 노래다. 노래는 '트로트'로 누구나 쉽게 부를 수 있는 우리의 노래인데, 아리랑에 후렴을 늘려놓은 노래 같기도 한데 단번에 한반도를 휩쓸고 이미 일본 미국까지 건너가 있다.

이 노래가 하는 것은 노래를 부른 가수의 입지전적 '인간만세'가 한 몫을 하고 있다. 25년간이나 놓지 못하고 매달린 별 볼일 없던 무명의 늙은 가수가 하루아침에 노래 하나로 '히트'를 쳐 공중에 부양되면서 돈방석에 올라앉는 '인간사 팔자소관'을 생각게 한다, 따라서 이 노래의 작사가도 작곡가도 작은 돈방석이 찾아올 것이다. 오래전에 가수 장윤정의 '어머나'와 오승근이 '내 나이가 어때서'가 히트하면서 유명세를 타고 돈 줄도 잡은 명곡이 되었지만 '백세인생'도 이에 뒤지지 않을 듯하다.

그 이유를 들여다보면 이 '백세인생'은 작곡에서 보다는 작사에서 더 큰 점수를 주고 싶다. '60세에 저 세상에서 날 데리러 오거든 아직은 젊어서 못 간다고 전해라.' 70세에는 할 일이 남아있고, 80세에는 아직 쓸 만하고, 90세에는 알아서 간다고 하고, '100세에 저 세상에서 날 데리러 오거든 좋은 날 좋은 시(時)에 간다고 전하라'고 하는 가사의 내용이다.

이 가사 중 단연 돋보이는 언어가 '전하라'는 명령어이다. 내 뜻을 그대로 전하라는 절대자에 대한 무엄한 갑(甲)질 언어다. 10년씩 간격을 두고 혹시 저승사자라도 와서 저세상으로의 동행(同行)을 요구할 때 우리 인생들은 감히 아무소리 못하고 '예'하고 따라 나서야 하는 것이 당연한 사생관(死生觀) 이었다면 이 가사에는 아주 단호하게 거부하면서 죽음이 당신의 뜻에서가 아니라 내 뜻, 내 의향에 따라 할 것이라는 주객이 전도 된 태도를 '전하라'는 명령조로 절대자의 권위를 조롱하고 있는 것이다.

이런 갑 질의 언어가 음정을 입고 가수의 간드러진 입을 통해 쉽게 발견된다. 노래는 어렵지 않다. 우리의 가락인 아리랑을 부를 줄 알면 누구라도 한두 번 듣고 부를 수 있다. 또 가사가 긍정적으로 대화를 하면서 죽음이라는 것에 대한 거부감을 날려버리는 효과가 있다.

60대에 이 노래를 접하게 되면 젊기 때문에 갈 수 없고, 비록 80대에 데리러 와도 아직은 이 세상에서 쓸 만하니까 못 간다고 거절하고, 100세가 되어 데리러 와도 죽음이 결정권은 나에게 있으니 좋은 날 좋은 시를 내가 정해 간다는 무엄한 억지도 깔려있다.

이 노래는 재미있는 가사와 쉬운 멜로디로 불안하고 어려운 환경을 살아가는 노인세대에게 긍정의 힘을 갖게 하고 중얼거리면서 죽음의 의미를 희석시키는 묘한 감정을 일으키게도 한다.

그렇다. 인생은 결코 내 것인데 내 것을 누가 마음대로 할 수 있는 것이 아닐 것이다. 우리를 약하게 하는 것은 단지 우리의 마음일 뿐이다. 마음을 다스리는 일이야 말로 건강을 지키는 첩경이다. '마음의 병'이라 하지 않는가? 스스로 강해져야 한다. 나이가 들어갈수록 낙관적인 삶을 살려고 노력해야 한다. 100세 인생은 남의 것이 아니라 바로 내 것이다.

3부
회초리교육이 필요하다

사랑의 매가 그립다

옛날에는 스승이 있었다. 스승의 자리매김을 임금의 반열에 두었고 아버지와 맞먹는 지위에 두었다. 그 시대의 스승은 임금이나 어버이보다 더한 훈육의 멘토(MENTO)였다. 그리고 스승의 변은 개도 안 먹는다고 동정하기도 했다.

스승이 없다면 세상은 훨씬 무질서하고 살벌했을 것이다. 동네마다 글방을 마련해놓고 내 자식 가르쳐 달라고 스승을 모셔왔다. 인간이 배우지 못하면 개돼지와 다를 게 없다고 믿었다. 글자가 있기에 교육이 가능했겠지만 그 보다는 인간을 만들려고 하였다.

교육은 인간과 인간간의 상호작용으로 이루어진다. 스승의 지식과 인격이 학생에게 옮겨지고 전수되었다. 그때 스승에겐 학생에 대한 폭력이나 구타가 없었다. 스승은 학동이 약속을 어기고 학생의 소임을 망각할 때 회초리를 들었다. 제자의 잘못을 확인하고 회초리를 뽑아오게 하고 퇴침 위에 세워 종아리를 때렸다. 하나, 둘, 셋 아프게 때리지만 이때 스승은 어떤 감정도 없었다. 사심이 없는 교육애(敎育愛)를 행할 뿐이다.

이 사랑의 매는 그 시대 교육과정의 한 부분이다. 인간에게 어쩔 수 없는 동물적인 나태와 오만이 있음을 알기 때문에 적절한 매는 학습에 효과를 주고 돈독한 사제 간의 인간관계가 형성된다고 보았다. 학동은 매를 맞으며 반성하고 노력하며 성장해나갔다. 글을 열심히 배우며 예의를 체득하며 충효를 몸에 익히며 자랐다. 매 맞고 자란 아이가 스승의 은혜도 알았다. 학부모는 스승에게 항상 감사하는 마음으로 대하며 '내 새끼 더 때려서라도 사람 만들어 달라.' 고 하였다. 글방에서 회초리 맞고 집에 온 자식을 그 부모는 한 술 더 떠서 자기자식의 못남을 교육적으로 처리했다. 다시 회초리를 가져오게 하여 아버지와 할아버지는 사랑의 매를 때렸다.

귀한 자식 공부를 위해 한 차례 더 종아리를 때리고 스승의 권위를 절대시하였다. 그 시절이라고 왜 내 자식이 귀하지 않고 소중하지 않았겠는가? 교육에 관한 한 우리네 조상은 그만큼 엄격했던 것이다. 그 당시의 교육열이 얼마 전까지도 논밭 팔아 자식 가르치던 전통으로 남았던 것이다.

요즈음의 교육을 보면 몹시 우울해진다. 세상도 변했고, 교육도 당연히 변했다. 스승과 제자는 사라진지 오래다. 요즈음 선생이 '사랑의 매라고 때리다간 무조건 혼이 난다. 학생이 선생을 때리고 학부모가 선생을 우습게 여긴다. 선생도 옛 스승 같지 않고 학동(學童)도 옛날 제자 같지 않으며, 학부모도 옛날 같지가 않은데 어찌 옛 교육을 주어 섬기며 향수를 불러올 수 있겠는가.

학생이 자유행동을 해도 강제할 수가 없다. 수업시간에 잠을 자던 떠들던 관여할 수가 없다. 학생인권조례는 호주머니 검사도 못하게 되어 있어 가방에 칼을 넣고 다녀도 화투를 넣고 다녀도 막을 수가 없다. 선생 스스로도 자신의 신분을 노동자로 격하하고 참교육이라고 하면서 학생들을 자신들의 정치도구로 이용하기도 한다. 제멋대로다.

평가가 사라진 학교에 공부하려는 의욕도 사라지게 했다. 학교에서 학생이 빵점을 받아도 누구도 걱정하지 않는다. 학생들은 컴퓨터 게임으로 시간을 보내다 보면 운동부족으로 비만해지고 눈도 나빠진다. 옛날에 없던 안경잡이, 뚱땡이 아이가 많아도 누가 진정으로 걱정해 주고 지도해 주는가.

학부모도 귀엽게 기른 내 새끼, 누구도 건드리지 못하게 한다. 이제 학교현장에 진정한 사제지간(師弟之間)도 사라지고 삭막하기 그지없다. 지금은 선생 따로 학생 따로, 학부모 따로 서로가 다른 방향으로 달리는 것 같다.

교육은 물이 트이는 대로 흐르는 것 같이 의도적인 목표가 있어야 하고 이 목표를 위해 교사와 학생 사이에 인간애가 이루어져야 한다.

옛 것이 모두 옳다는 것은 아니다. 그러나 그 옛날 '사랑의 매'는 자꾸 그리워진다.

실종된 교육의 폐허에 서서

프롤로그

필자가 초등학교에서 정년퇴직 한 지 20년이 되었다. 20년 전의 교육과 지금의 교육을 어떤 방법으로나 어떤 부분을 비교해 본다는 것은 별 의미가 없을지 모르지만 어떤 가치에 기준을 두고 비교해야 할지도 매우 고민스럽다. 단지 20년 전의 교육과 현재의 교육에서 세 가지 요소에 대하여 살펴보려고 한다.

예나 지금이나 학교 교육은 선생과 학생과 배움의 터가 있게 마련이다. 이 세 가지 상호작용을 하는 것이 교육이다

학교

먼저 교육의 장(場)인 학교를 한번 보자. 마침 어제 신문에 "학생은 줄어드는데 예산은 16조가 늘어 전국 교육청에서 사용하지 못하고 남는 돈이 1년에 5조원"이라고 했다. 콩나물 교실에서 아이들

이 배우던 때가 어제 같은데 학생이 줄어 학교가 통폐합되면서 교육예산도 줄어야 하는데 지방재정교부금이란 교육예산은 2014년에 57조 8천억 원이었는데 2018년엔 73조 천억 원으로 30% 정도가 쓰지 않은 돈으로 5년간 평균 5조 5천억 원에 달한다고 한다.

그래서 학교마다 무리한 공사를 한다는 것이다. 이 경우를 보면 교육정책 부재(不在)의 느낌이 든다. 차라리 이런 돈은 지자체로 넘겨야 한다. 자기고장의 교육을 잘 아는 곳인 지자체가 그 고장의 교육을 책임지도록 해야 한다. 그러려면 도교육청과 시, 군 교육청을 폐지해야 한다. 그리고 각 도에 교육지원국과 시, 군에 교육지원과라도 개편하고 지자체에서 교육에 필요한 예산을 쓸 수 있도록 교육지원체계를 바꾸어야 한다.

지역의 교육은 그 지자체에서 책임져야 한다. 지역에서 교육전문가도 양성하고, 폐교하는 학교에 대하여 어떻게 활용할 것인가도 지자체에서 논의해야 할 것이다

지금의 교육감 선거는 교육 비전문가이면서 정치인이 태반이고 엄청난 교육비가 비효율적인 곳에 쓰이고 있다. 시, 군에 임명되는 교육장은 그 지역과 아무런 관계가 없는 사람이 낙하산으로 내려왔다가 1, 2년 안에 정년퇴임하는 형식이 되어 그 고장 교육장으로서 하는 일이 없다. 차라리 교육청 예산을 지자체가 사용한다면 엄청난 교육효과를 거둘 것이라는 생각을 한다. 내 집 앞에 학교가 있었다가 지금은 이 배움의 장이 통합학교가 되고 학교마다 스쿨버스가 운영되어 학교가 변화되어 활기를 찾을 수 있다.

소규모 학교가 통합되고 초, 중, 고가 통합되는 추세이다. 교육현

장은 지자체 안에 있고 하루가 다르게 변화하는데 이를 누가 대처할 것인가. 지자체 외에 답이 없다.

교사

30년 전쯤 이 나라에도 일본에선 벌써 와해된 '전교조의 참교육' 운동이 일어났다. 일본에서는 참교육하는 선생님들의 뜻에 따라 참교육을 해보라고 원하는 학교로 전출시키고 참교육을 실천해보라고 독려해주고 지원해주었다. 한두 해 실천하다보니 참교육이 뜻대로 되지 않았다. 우선 학부형들이 그들의 교육지도를 못마땅하게 생각하였고 거부하였다. 선생이 싫으면 내 아이를 다른 학교로 옮기고 학부모들은 교사 배척운동을 실시하였다. 선생이 견디지 못하게 되고 조직은 무너질 수밖에 없었다.

우리나라는 전교조 운동이 성공하였다. 정치적 입지에 뿌리를 뻗고 교사가 노동자임을 자처하고 각급학교마다 전교조 지부를 결성하여 정부와 대항하고 노동계와 손잡고, 각 시, 도 교육감 선거에서 전교조 출신 교육감이 선출되고 교육부장관까지 동조하면서 합법화 조직이 되었다. 기존학교에서 권위를 먹고 살았던 교직자들은 숫자가 많아도 보고만 있으며 망연자실하였다. 전국교직원노동조합(전교조)은 한국에서 성공하고 한국교육의 틀을 바꾸기 시작하였다.

학생

전교조 교육감에 의해서 '학생인권조례'가 선포되었다. 학생의 인권이 최대한 존중되는 선에서 제정되었다. 필자는 이 인권선언 이전과 이후를 극명하게 선을 긋는 혁명적 사건으로 간주한다,

'학생을 꾸짖지 마라. 학생 가방 검사 하지마라.' 교사가 학생을 구타한다거나 무릎 꿇려 벌을 주지 못하게 하였다. 인권침해로 학생이 파출소에 신고하고, 교사는 경찰의 심문을 받아야 하고, 벌을 받게 되었다. 교사와 학생간의 정이 끊어졌고, '사제지간' 미풍양속도 사라졌고, 개인 대 개인의 문제가 되었다

한, 둘만 낳는 학부모는 잘한다는 반응이었고, 교사는 학생의 잘못된 버릇이나 나쁜 짓을 제지하여 벌을 줄 수 없게 되었다.

'내 새끼 때려서라도 사람 되게 해 달라.'는 예사 학부모들의 교육관은 모두 사라졌다. 이제 아이들은 자신의 가방 속에 흉기를 넣고 다녀도 발견해낼 수가 없다. 공부시간에 낮잠 자고 떠들고 돌아다녀도 공부하기 싫다고 집에 가도 교사는 꾸지람으로 가르칠 수 없다. '내 맘대로'의 전형이다. 제도권 교육은 이제 손을 놓게 되었다. 20여 년 전 재미 한국인인 교육학자는 "한국의 학교는 '정글'이요. 교실은 '깡통'이 되었다."고 한숨 쉬었다.

'학생에게 시험 치게 하지마라. 등수 매기지 마라.' 월말고사나 기말고사가 사라지고 평가가 폐지되니까 공부에 관심이 멀어질 뿐이다. 상대평가가 사라지고 학생의 생활기록부에는 인성교육이나 요즘말로 '스펙'만이 평가된다. 국어, 수학, 과학 등 기초교육에 대

한 평가가 없으니 자녀의 실력을 알 수 없다. '보통, 잘함, 조금부족' 표현은 교사가 평가하기 좋은 핑계가 되었다.

옛 교육에서는 교사들에게 사명감을 강조하였으나 요즘은 교사 평가제도도 사라졌고, 교사는 공무원 노동자로 자처하게 되었다. 전에는 학급 아이의 지진아나 한글 미 해득 자를 방과 후 교육으로 가르쳤고, 청소도 교사와 함께 하며 인간관계를 쌓아갔다. 학생이 잘못하면 벌 받을 줄 알고 학교에서 선생으로부터 매를 많이 맞아본 아이들이 졸업 후에도 때린 선생님을 찾아온다는 아름다운 이야기도 있지만 '사랑의 매'라고 아이를 잘못 다루었다가는 폭력교사로 법적인 책임을 져야한다.

칭찬하면서 머리 쓰다듬고 빰이라도 만져주는 인간교감(交感)의 문화도 사라졌다. 사람을 제자를 소가 닭 보듯 해야 하고, 사제지간이라도 말조심, 행동조심을 해야 한다. 이제 교사의 시대는 지나갔고, '너는 너, 나는 나'의 시대가 되었다, 교육이 이렇게 변하면서 무너지는데 누구 하나 걱정하는 사람이 없다 교육이 왜 무너지는가? 그 원인을 생각해본다.

(1) 공부하기 싫어하는 학생이 점차 많아지기 때문이다,
(2) 문제아의 뒤에는 문제부모가 있다. 부모의 학구열이 식었기 때문이다.(교육이 잘 되었던 때는 학부모의 치맛바람도 있었다.)
(3) 정치논리로 전교조를 등에 업고 교육을 이끌고 있는 교육부장관, 교육감, 교육장 등 교육 행정가들이 정체성을 잃었기

때문이다.

(4) 교육현장에 교육사명감을 잃은 교사들 때문이다. 교육을 다시 옛날로 되돌릴 수는 없다.

회고

나는 오늘 그 옛날 교직 사명으로 근무했던 체험을 잊지 못한다. 1966년 처음으로 포천에서 초등교육을 시작했다. 그때는 못 먹고 못 입던 시절, 교육이 무엇인지도 몰랐지만 내가 살기 위해 열심히 한 것, 내 일생을 걸었던 초심의 교직은 사명감 하나로 버틴 것 같다.

그 후에 찾아온 인간애(人間愛), 교육애(教育愛)는 나를 어쩌지 못하고 교직에 붙들어 맨 것 같다. 지금 같은 교육환경의 학교라면 나는 교육을 선택하지 않았을 것이다. 절대로

회초리 교육이 필요하다

요즈음 우리의 교육 현장은 우려와 걱정을 넘어 심각한 시점에 이른 감이 없지 않다. 오래 전부터 학원은 왕따, 폭력이 난무하면서 점차 '정글'로 변해가고 있다. 여기에 학생을 위한다는 학생인권조례까지 만들어 가뜩이나 학생의 행동이 거칠어가는 차제에 정부에서 불난 곳에 부채질하는 꼴이 되어 간다. 이 인권조례란 학교에서 두발 자유, 복장자유, 소지품 검사도 못하게 하고 심지어 수업거부 데모를 해도 견제하기가 힘들게 되었다. 학생이 무기를 소지하여 학교에서 폭력이 이루어진다면 경찰이 중무장하고 이 정글이 된 학원을 진정시켜야 한다. 벌써 오래 전에 미국의 재미(在美) 교육학자인 황용길 교수는 '오늘날 한국에서 벌어지는 미국식 인성교육과 열린 교육개혁은 급기야 학생들을 돌머리로 학교를 정글로 국가를 빈 깡통으로 만들고 말 것'이라고 개탄하고 그 대안으로 '암기식 주입식'교육으로 회귀하자고 주장하였다. 그 후 황 교수가 우려하는 돌머리, 깡통, 정글은 우리의 현실이 되었다.

해방 후 우리 교육은 미국식 교육 일변도였다. 우리의 체질과 환경에 안 맞는 교육이론들을 끌어들이면서 학원을 바꾸려고 하였다. '암기교육 하지 마라', '일제 수업 하지 마라', '시험 보지 말라', '1

등, 2등으로 줄 세우지 마라', '학교 1등이 사회 1등이냐' 그럴싸한 별별 진보주의 교육이론은 오늘의 학원 모습을 이 모양으로 만들었다. 공부하기 싫은 아이들이 양산되었다. 자유, 인권을 앞세워 교권을 뒷전으로 교사를 우대하지 않았다. 교사가 근무하고 싶은 학교가 아니라 그저 직업인으로, 심지어 노동자로 스스로를 조롱하며 선생이기를 포기했다. 이런 학원에 남는 것이 무엇일까?

스승과 제자의 위상이 거꾸로 되었다. 아무도 누구도 오늘의 교육 추락을 책임지려 하지 않았다. 교육대통령이 나와서 교육의 백년지대계(百年之大計)와 교육입국(敎育立國)을 외쳐보지만 엎질러진 물처럼 되돌리기가 어렵게 되었다. 교육정책은 매년 바뀐다. 교육행정은 그때그때 땜질 교육으로 '백년지대계(百年之大計)'는커녕 1년지 소계(小計)도 못 세우고 있다.

과학 고등학교, 외국어 고등학교, 특수 고등학교 등 시대변화에 맞추다보면 1류, 2류를 만들어내는 것이 교육정책이다. 시험 보지 말라고 하면서 전국 수능시험으로 전국 1등, 2등의 순위까지 만들어낸다. 학교성적이 좋지 못하면 1류를 들어가지 못한다. 줄 세우지 말라는 교육이 철저하게 줄 세워 서열을 만들어 1류, 2류 대학 들어가기 좋게 해 놓았다. 1류 대학이 존재하고 1류 직장이 엄연히 있고 1류 신부감도 있는 것이 사실 아닌가? 겉으로 부정한다면 눈가리고 아웅하는 고양이와 무엇이 다른가.

황 교수는 암기식 교육을 주장했다. 암기식 교육은 회초리 교육이고 우리 조상들이 해왔던 교육 방식이었다. 일제 수업이나 암기식 교육이나 10배로 활용하기도 하고 역대 임금을 순서대로 외워

두면 역사의 얽힌 이야기가 재미있다. 모르는 것보다야……. 공자님 말씀도 몇 마디 외워두면 인성에 좋은 지식이 된다. 6법 전서를 암기하지 않고 법관 시험에 합격할 수 있을까?

암기의 양은 지식의 양이다. 암기된 지식을 근거로 창의력이나 응용력, 탐구력이 활용되는 것이지 돌머리에는 고등사고력이 나올 수가 없는 것이 아닌가? 돌머리가 모인 학교는 정글이 된다. 정글에서는 전쟁놀이가 제격이다. 학원이 더 이상 전쟁터가 되기 전에 지금도 늦지 않았으니 교사에게 회초리를 들려주고 사랑의 매를 때리라고 해야 한다. 교사가 학생에게 폭행을 당하는 학교 현장을 하루속히 돌려놓아야 한다.

교사의 권위를 높여주어야 가능하다. 교사 죽이고 학생만 살자는 교육은 이제 그만두어야 한다.

교장 1년, 그리고 정년

교원의 정년단축(65세→62세)으로 나는 신북초등학교에 1999년 9월 1일 교장으로 부임하여 근무하다가 2000년 8월 30일에 정년퇴임을 하였다. 2년은 있으리라 예상하고 궁평초등학교에서 내신하였지만 당시 정년단축 법령으로 1년간만 하게 되었다. 신북에서 2년 근무를 예상했지만 아쉽게도 다음 해 나의 35년간의 교직 인생을 마감하게 되었다.

신북과 만남

신북은 내가 잘 아는 학교다. 30여 년간을 포천 관내에서만 근무했기 때문에 이웃처럼 지내고 있었다. 당시 신북은 12학급 420명으로 유치원이 2개 학급이고 노란 급식차와 유치원차가 도시학교처럼 드나들었다.

부임하던 9월 1일 첫날 신북학교 학교운영위원회 위원장이신 양영찬 씨(작고)께서 맞이해주셨다. 교장실에서 첫 대면을 하였다. 전에는 농협계통에서 일하신다는 말씀을 알고 있던 터라 우리는 구면처럼 인사를 나누었다. 포천이야기, 학교이야기, 사람이야기를 하면서 선생님들을 소개받았고 다함께 운동장에 도열해있는 삼백여 명 학생들 앞으로 인사차 나갔다. 위원장께서는 단에 오르시어 내 소개를 장황하게 칭찬하시며 아이들 기대를 부풀게 하는 것이었다.

이날 위원장님과의 만남은 참으로 인상적이었고 이 학교 출신으로 애교심이나 애향심이 깊은 인상을 받았다. 다음 해 정년 때까지 그리고 정년 후 사회에 나가서도 서로의 만남은 많지 않았지만 내 교직에서의 인간관계는 깊다고 아니할 수 없다.

체험학습

나에게 주어진 교직의 마지막 1년은 제한적이고 한시적이어서 큰 그림을 그리고 아이들의 꿈을 이루기 위한 동행이 너무 짧았다. 포천 겨울이 오기 전에 나는 '우리 것'으로 교육에 접목시키고 싶었다. 통나무를 사다가 그네를 설치하고 그 옆으로 널뛰기판을 두 개 만들고 부대에 모레를 담아 둥근 씨름장을 만들었다.

사라져가는 우리 것에 대한 복원이고 체험학습의 시도였다. 그네를 타 보게 하고 널뛰기판 위에서 판을 굴러보게 하고 씨름장에서 샅바를 매보게 하려는 것이다.

또 전문 사물놀이 선생님을 모셔다가 선생님들이 먼저 배우도록 하였다. 교사가 신나게 두드리는 북이나 꽹과리 소리가 아이들의 귀와 가슴에 남아있게 감동을 주려는 것이다. 이를 스스로 배운다면 좋은 체험일 것이다. 겨울방학이 끝나고 졸업식 입학식의 학교 행사를 마치니 3,4월은 몹시 추웠다. 오월이 되면서 모든 학습 활동을 활발하게 전개하면서 또 하나의 체험학습으로 학교 서편으로 공한지를 개간하여 실습지를 만들었다.

100평이 채 안 되는 터를 6개 학년으로 나누어 분할하고 1학년부터 6학년까지 팻말을 세웠다. 선생님과 학급 아동이 상의하여 씨앗을 심던지 모종을 사다가 심던지 자유롭게 선택하도록 하고 농기구, 비료 등을 공급해주었다. 필히 학급마다 재배일지를 쓰도록 하였다.

교육현장에 회한으로 남는 것

어느 새 여름 방학도 끝나고 8월 30일 퇴임의 날이 다가왔다. 나는 조회 때 인사만하고 이 학교를 물러나왔다. 35년의 교직이지만 나는 조금은 시원한 느낌이 들었다. 속박에서 벗어난 느낌, 귀중한 나만의 자유를 만끽하고픈 설레임도 기다리고 있었다. 나는 근년에 이르러 교직에 대해 회의를 갖게 되었다.

전교조에서 참교육을 주장할수록 학교교육은 살벌하고 황폐화되기 시작했다. 어떤 것이 참교육인지 모르면서 군사부일체라는 권위적 위상이 허물어지고 있었다. 학교만은 지켜져야 교육을 할 수 있다는 신념이 무너지는 아픔도 겪었다. 사회가 변하고 학교도 빠르게 변하고 있었다. 내가 학교의 교직을 선택할 당시가 지금의 모습이라면 나는 절대 교직에 나오지 않았을 것이다.

노동자로서의 선생님이라면 차라리 삽과 곡괭이를 들었을 것이다. 어느 날 교장실에 아이들 다섯 명이 끌려왔다. 2학년 4학년 아이들이다. 이 아이들이 교실에서 돌아다니며 다른 아이의 수업을 방해하며 가만히 앉아있지 못한다는 담임선생님의 호소다. 교장선생님이 엄하게 훈계하여 버릇을 고쳐달라는 것이다.

아이들 신상을 하나하나 물어보니 모두 결손가정의 아이들이다. 고모 밑에서 외할머니 밑에서 또는 고아원에서 다니는 아이들이다. 내 말도 경청하지 않는다. 몸을 비비꼬며 가만히 앉아있지 못하고 있다. 무슨 벌을 주어야 무슨 말을 해야 이 아이들이 행동이 고쳐질 수 있을 것인가?

나는 이 짧은 시간을 어떻게 처신해야 할지 정말 난감했다. 커다란 쓰나미 앞에 선 느낌이었다. 정년은 나를 이 난처한 상황에서 도망치게 하였다.

이 시대 교육의 문제

- 학부모의 과보호 과지배

옛날 학부모는 자식을 전적으로 학교에 맡기고 선생님을 존중했는데, 요즈음 학부모는 학교일에 적극적으로 간섭하고 자녀에 관한 교육철학을 내세우며 과보호하고 과지배한다.

요즈음 문제는 갈수록 혼미에 빠지고 있다. 정권이 바뀔 때마다 교육정책이 바뀔 때마다, 교육이 10년도 안 되어 서너 번씩 큰 틀이 흔들리는 난맥상이 되고 있다. 그 중에 학부모의 교육 참여가 현실화되면서 학부모가 현대교육의 주체가 되고 있다. 자신의 자녀에 대한 교육에 관심을 갖는 것은 권리일 수 있겠으나 자식사랑이 변질되어 '과보호'를 하면서 '과지배'를 하고 있는 오늘의 교육현장을 짚어보려 한다.

교육현장

우리나라는 5, 60년 전 가난했던 시절에도 교육열이 세계 제일로 자식을 키우며 가르치며 인재를 양성해왔다. 그때 배운 지식의 축적이 창의적인 산업을 일으키고 세계 곳곳으로 진출하여 다른 나라에 뒤지지 않는 두뇌가 우리의 민족성인 근면과 화합하여 '시너지' 효과를 일으키고 세계에서 잘 사는 나라로 발돋움 했다.

그런데 지금은 어떤가 쌓았던 '에너지'가 고갈이 되는 느낌을 떨쳐 버릴 수가 없다. 요즘은 학생들이 공부를 안 하고, 하기 싫어하는 학생을 어쩌지 못하는 것이 염려스럽다. 교육정책 자체가 '시험보지 말아라.' '성적순으로 세우지 말아라.' '하고 싶은 대로 해라.' '때리지 말아라.' 학생 인권 조례까지 생겨서 학생복장이나, 얼굴화장이나, 들고 다니는 가방도 검사하지 말라고 지시한다. 적어도 제도권 공교육은 아이들을 풀어 줄대로 풀어주었다.

여기에 학부모까지 가세한다. 옛날 같지 않다. 하나둘 낳은 아이, 선생이든 누구든 건드리지 못하게 과보호한다. 옛날처럼 학교교육을 학교에 맡기는 것이 아니라 과보호가 지나쳐서 교사는 소극적이 되고 손을 놓게 된다. 무조건 내 자식이 옳고 어떤 간섭을 원하지 않는다.

과지배

부모는 아이들의 수족노릇을 해 주고 아이의 말이라면 부모는 제왕 밑의 신하노릇도 서슴지 않는다. 이렇게 과보호 밑에 자란 아이 중에는 이부자리도 못 개고 젓가락질도 못하며 편식 광이 된다. 운동부족에 전에는 볼 수 없었던 비만아가 늘어난다. 과보호의 병폐요 폐해다. 그러나 이쯤에서 끝난다면 별 문제지만 동시에 자녀에 대해 과지배를 강제한다. 과외다 학원이다 레슨이다 끌고 다니며 지배한다. 자녀의 의지나 취미는 그렇게 큰 문제가 되지 않는다. 이때의 부모는 '신하'에서 '제왕'으로 변신한다. 그만큼 너에게 해주었으니 이제는 내 차례가 된다. 내가 못 이루었고 내가 못했던 것을 자식을 통해 거두고 이루려 한다.

어느 부모나 갖게 되는 소망이요 성취욕이겠지만 문제는 부모가 생각하는 자녀관에 있다. 자식을 바르게 보지 못하고 무조건 믿게 되면 자식의 의중이나 소질 같은 것이 문제되지 않는다. 밀어붙이고 강제하면서 과보호에 대한 반대급부를 과지배에서 받으려고 한다. 과보호하면서 과지배하는 이중적 잣대로 성장한 아이는 성장에서 '홀로서기'를 못한다. 판단능력이 부족하고 타협의 중지(中智)도 모르며 독선적 편견과 반항적 사고를 하게 된다. 민주주의 사회가 우리의 추구하는 이상이라면 이를 추구하는 주체는 인간이며 그 주체적 인간은 이에 걸맞게 교육되고 훈련돼야 할 것이다.

학교

끝으로 학교로 돌아가 보자. 교사는 학교라는 공간에서 교육의 주체자다. 학교는 교사와 학생이 상호작용하는 곳이다. 주체자로서의 교사가 제 구실을 못한다면 그 존재가치도 불투명하다. 사랑이 깃든 곳이 학교이고 사람다운 사람으로 가르치는 곳이 학교다. 스승이 존재하고 제자가 즐거움으로 스승을 섬기는 곳이다. 어떤 논리나 구실이 학교를 이 모양으로 만들었을까?

'교사는 노동자'라고 스스로의 위상을 격하하고 머리띠를 매고 참교육을 부르짖을 때부터 교육의 본질은 흔들리지 시작했다. 어느 시절엔 '선생님의 그림자도 밟지 않는다.'는 속담이나 '군·사·부(君.師.父)일체'라는 윤리적 가치가 와해 된지 오래되었다. 학교에서의 스승과 제자간의 상호작용이 훼손된 마당에 교사는 무슨 권위가 있으며 제자들이 제자로서의 순수한 위상이 흩어진 마당에 무슨 진정한 교육이 있겠는가? 교사는 노동자이니 하루 8시간 씩 노동법규에 따라 적당히 지내면 되지 않겠는가? 교사의 위축, 노동자 신분, 의욕상실, 한없이 작아진 이 시대의 교사의 모습에서 백년지대계라는 교육의 앞날을 걱정한다.

'어떤 교육도 교사의 질을 능가할 수 없다'

'문제아의 뒤에는 문제 부모가 있다' -교육학자 '니힐'의 말이다.

공자와 유교를 바르게 이해하는 두 권의 책

두 권의 책이란
『공자가 죽어야 나라가 산다』(김경일저 바다출판사)와
『공자가 살아야 나라가 산다』(최병철저 시대출판사)이다.

이 책들은 20년 전에 출간된 책이다. 필자는 이 두 권의 책을 읽고야 공자와 유교사상의 진면목을 이해하게 되고 나름대로의 인문학적 지식을 갖게 되었다.

'공자가 죽어야'와 '공자가 살아야'는 정반대되는 개념인데 공자의 사상을 서로 다른 입장으로 피력한 논쟁(論爭)서다. 전자의 책은 공자의 사상은 백해무익(百害無益)한 것으로 없어져야 한다고 강조하는데 이 책의 소제목만 보아도 대충 알 수 있다.

'유교의 유효기간은 끝났다'
'중국과 일본이 유교를 버린 이유'
'유교의 그릇된 출발'
'조상숭배 의식의 기원'

‘공자는 왜 거짓말을 했나’
‘우리는 영원한 중국의 속국인가’
‘주자학 그 위대한 사기극’
‘죽은 박정희가 다스린 나라’
‘공자 바이러스’
‘유교 문화가 어떻게 나라를 망치는가’
‘효도가 사람 잡는다’
‘유교 속의 여자 유교 밖의 여자’ 등

제목만으로도 모두 읽는 느낌인데 실제로 탐독하다보면 글이 사실적 논리적으로 포장되어 독자를 최면의 세계로 몰아간다. 유교에 관심을 갖고 조상을 숭배해온 유림이나 유교인에게는 대단한 충격을 주고 분노케 하는 내용들이 그득하다. 처음부터 끝까지 이 땅에서 공자 사상을 내 몰아야 한다는 당위론(當爲論)이다.

이에 대하여 이를 논박하는 『공자가 살아야 나라가 산다』의 저자는 책머리에서부터 ‘선 무당이 사람 잡는다.’며 상대 필자를 공격하면서

‘유교는 불타고 있다’
‘공자 그는 누구인가’
‘서구 문명과의 충돌’
‘아시아적 가치는 살아있다’

『공자가 살아야 나라가 산다』고 이 책 역시 해박하고 정연한 논리로 대응한다.

한 사상을 두고 용호상박하는 두 저자의 논쟁은 읽는 이로 하여금 재미가 있다.

'공자가 살아야 나라가 산다'는 후자의 결론은

'공자는 인류의 스승이다. 그래서 공자는 살아야 한다.'

'공자는 절망을 모르는 사람이다. 그래서 배워야 한다.'

'공자는 사랑의 실천자다. 그래서 본받아야 한다.'

'공자는 자기의 잘못을 뉘우치고 고칠 줄 아는 사람이다. 그래서 인류의 추앙을 받아야 한다.'

어느 사상이나 정, 반(正, 反) 이론이 있고 시대의 흐름으로 소멸되기도 하고 재정립되기도 한다. 유교의 중심사상은 인의예지신(仁義禮智信)에 두고 조선조 500년은 이를 지켜오면서 많은 해악(害惡)도 있었지만, 가정과 사회, 국가를 지탱해온 공(功)도 있을 것이다.

공자는 시대착오적인 보수주의자로 취급하며 무시하는 것은 자유이겠으나 그는 먼 미래까지 내다보며 온고이지신(溫故而知新)을 부르짖은 예언적 미래형 성인(聖人)으로 보아야 한다. 어느 종교에서 자신이 한 말을 끊임없이 개혁해 나가자고 한 성인이 있었는가.

우선 독자는 먼저 『공자가 죽어야 나라가 산다』를 읽고 그 다음에 『공자가 살아야 나라가 산다』를 읽기 바란다. 어떻게 살아왔는가를 알고 어떻게 살아가야 할 것인가에 대한 해답을 찾아야 할 것이다. 이 두 권의 책은 공자 사상을 이해하는데 도움을 줄 것이다.

'죽이든' '살리든' 그것은 독자의 몫이다.

미감아 분교 3년(신북면 신평 3리)

부임하는 날의 구토

1984년 3월 2일부로 우리 교사 3명(필자와 조돈창, 김주방 선생)은 신북면 신평리에 소재하는 신북초등학교 신평분교에 발령받아 부임하게 되었다. 신평분교는 미감아 수용학교로 관내 영북면에서 이곳으로 집단 이주해온 나병환자 40여 가구 주민들이 양계, 양돈을 하면서 근근히 생활하는 동네의 분교였다.

분교 학생은 전부 35명으로 우리 교사 3명이 2개 학년씩 복식으로 가르치는 분교였다. 나와 두 명의 교사는 내가 연령이 높다는 이유로 1, 2학년을 맡게 하고 조돈창 선생이 3, 4학년, 김주방 선생이 5, 6학년을 맡기로 했다. 첫날 교무실에 모인 우리는 학생 35명과 수인사를 교환하고 담임발표로 교실에 입실을 완료했다. 아이들은 모두 첫날이라 그런지 깨끗한 옷을 입혀 보냈고 별로 말이 없이 우리의 지시를 따라 행동했다. 교실도 아이를 보고 맞춤 건축을 했는지 일반 교실이 20평(복도 5평 별도)인데 비해 15평쯤 되었다. 그 중 5평쯤에는 각종 교육자료가 차지하고 있었지만 수업하기에는 쾌적하였다. 일단 아이들을 자습시켜 두고 우리는 동네 인사차 다녀오기로 하였다. 분교 정문에서 가장 가까운 집부터 위로 올라가면서 한 집 한 집 방문키로 하였다. 어느 집에 들렀더니 바로 닭장에서 꺼내온 따뜻한 달걀을 바구니에 담아 우리에게 하나씩 권하는 것이었다. 우리는 주는 대로 하나씩 받아서 누구나 할 것 없이 이빨로 깨서 목으로 넘겼다. 그래야만 준 사람의 성의를 받아들인다는 친화적 배려에서였다. 그런데 우리가 다음 집을 찾아가기 위해 그 집을 나오자마자 김주방 선생이 길 옆으로 쭈그려 앉더니 방금 먹은 계란을 토해내는 것이다. 이들에 대한 선입견과 실제 상처에 감은 붕대를 보면서 구토를 일으켰을 것이다.

미감아 학교

다음날부터 3명의 교사가 35명의 미감아 아이들을 가르치게 되었다. 교사 3명은 미감아에 대하여 그리고 나병에 대하여 대충은 알고 있었다.

나병이란 천형(天刑)의 병을 앓고 치료를 받아 완치되었거나, 다시 재발되었거나, 진행 중에 있는 사람들이다. 부부가 결혼 후에 감염된 경우가 있고 젊어서 감염 중에 결혼하여 자식을 낳아 기른 케이스도 있었다. 미감아란 아직 감염되지 않은 상태인데 한 집에서 살다보면 피부 접촉에 의해서 감염될 수도 있는 병이지만 이 병의 병균(상처에서 나오는)은 자연으로 떨어져 나오는 순간 3초 내에 죽는다는 것. 상처의 균이 내 어딘가의 상처에 직접 접촉이 되었을 경우 얼마간의 잠복기를 거쳐 나병이 전이(轉移)될 수 있다는 정도를 알고는 왔지만 우리에게 미감아 학교 근무는 교감으로의 승진을 위한 점수를 따기 위한 수단이 되었다. 두려움이나 걱정 따위는 극복할 수 있어야 한다. 우리는 처음부터 의욕적인 학교생활을 시작하였다. 우리 교사 세 사람과 학교 기사 한 분의 뜻이 맞아떨어졌다. 교사는 교육의 주체가 되어야 한다고.

미자 엄마의 죽음

4월 중순 쯤 우리 반의 이미자(1학년) 엄마가 병으로 사망했다. 미자 엄마는 남편과 남매를 이승에 남겨두고 저승으로 가셨다. 우리는 미자 엄마의 죽음에 조의를 표하고 처음으로 동리에서 마련한 상가(喪家)의 음식을 음복하면서 미자 엄마의 32년의 짧은 생애를 슬퍼하였다. 미자 엄마의 시신 앞에 엎디어 상례(喪禮)하면서 나도 모르게 눈물이 나왔다. 여덟 살짜리 미자를 입학시켜 놓고 곧 있을 봄소풍 한 번 가보지 못하고 떠나갔다. 이제 미자는 불구의 아빠와 중 1짜리 오빠를 위해 밥을 짓고 빨래도 해야 한다.

다음 해 아빠도 병이 악화되어 소록도로 끌려가게 되었고 오빠는 서울의 정수학교로 기술을 익히려고 떠나고 다행히도 미자는 이곳의 외할아버지가 생존해 계셔서 그리로 맡겨지게 되었다. 미자는 그 후 눈물이 많아졌다. 질책 한마디에도 따뜻한 칭찬의 말 한마디에도 닭똥 같은 눈물을 쏟아낸다. 엄마가 보고 싶다고 한다.

환경개선

4월 들어 우리의 근무가 안정되면서 몇 가지 의욕적인 일에 착수하였다. 우선 샤워장을 세우는 것이었다. 동네에는 샤워 시설이 없고 목욕탕은 20리 나 되는 읍내까지 가야만 한다. 공터 옆에 땅을 고르고 블록을 사고 시멘트를 구입하고, 타일, 스레트 등 3평 정도의 크기에 샤워꼭지 2개, 수도꼭지 1개, 욕탕 등, 실제 해 보니 힘들기는 했지만 우리 교사 3명과 김 기사가 열심히 일하고 땀 흘린 결과 의젓한 샤워장이 완성되었다. 본교 교직원 친목회에서 커다란 거울 1개를 기증받고 마을 유지분과 교육장, 학무과장, 교장선생님들이 참석하여 준공테이프를 끊었다. 그리고 그 옆으로 세족장, 상수도 대를 꾸미고 그 옆으로 1.5평 정도의 휴지 소각장과 폐품 수집장을 만들었다. 하나하나 이루어가는 작업이 계속되었다. 생 울타리를 보수하고, 양어장을 만들고, 식물원을 정비하였다. 운동장 가장자리에 뗏장을 떠다가 둥근 원을 만들어 씨름장을 만들었다. 또 잔디를 떠서 운동장 둘레로 트랙을 만들고 필드는 2년차 계획으로 잔디를 입히기 시작했다. 아이들에게는 특별한 생활지도가 필요 없었다. 그들과 놀아주고 그들과 같이 행동했다. 쓰다듬어주고 만져 주었다. 샅바를 매고 씨름을 하고 땀이 나면 샤워장으로 달려갔다. 그해 여름은 유난히도 뜨겁고 파리와 모기가 극성을 부렸다. 창문을 열어놓고 점심 도시락을 먹을 수가 없었다. 파리와의 전쟁이다. 모든 창문에 모기장을 설치하고 파리와 모기와의 전쟁을 벌였다.

모든 아동에게 줄넘기 줄, 공, 배드민턴 라켓을 마음껏 갖고 놀 수 있게 했다. 학교 뒤에 높이 솟아 있는 해발 110m의 한 바위 꼭대기까지 등산로를 만들고 달리기 시합도 하였다. 정상에 올라가서 '야호!'하는 소리를 치고 내려오도록 했다. 인내심을 기르기 위해 학교 주변 2km의 달리기 코스를 만들어주고 자신의 기록을 체크하도록 했다. 그해 여름 방학 전에 화분 100개를 구입하여 1인당 2화분씩 주고 자기 꽃을 가꾸도록 하고 깊은 가을에는 국화 전시도 하였다.

4월에 전교생 리듬 합주부를 만들고 1인 2악기 연주실력 쌓기 연습에 돌입했다. 저학년은 주로 타악기부터 가르치고 고학년에 이르면서 '비브라폰'과 풍금, 멜로디 악기를 다루게 하였다. 이 합주부가 3개월 후에는 멋진 35인조 합주부로 10여 곡의 레퍼토리를 연주할 수 있게 되었다. 이 합주부는 학교 풍금 2대와 비브라폰 2대 실로폰, 멜로디언 등으로 구성하여 멋진 합주를 할 수 있었다. 마을 창고 준공식, 마을 입주 기념일 등에는 국회의원, 군수, 교육장이 참가하는 식전에서 합주의 솜씨를 보였으며 동네의 노인 회갑날, 생일날 등 초청하는 자리마다 빠지지 않고 리어카에 악기를 싣고 참여하는 단골 합주부가 되었다. 콧물과 땀을 흘리며 큰북을 열심히 두들겨 대는 1학년 희성이의 늠름한 모습이 지금도 기억에 새롭다. 그해 마을 설립기념일에는 넓은 마을 회관의 집기를 치우고 어제 잡은 돼지 한 마리를 주 메뉴로 하여 온 동네 남녀노소가 어우러져 춤을 춘다. 디스코, 차차차 등 노래가 스피커로 끝없이 이어지고 학교 북과 장구는 죽어라 얻어맞는다. 우리는 그들과 손을 잡고 뺨을 비비며 따뜻한 정을 교류하게 된다. 나도 흘러간 노래를 몇곡씩 부르며 그들 속에 내 몸을 던지게 된다.

배드민턴 정상까지 간다

85학년도에 신평분교에는 지난 해 35명에서 42명으로 재학생이 7명이나 늘었다. 그런데 42명 중에 남학생은 1학년에 4명, 2학년이 1명, 3학년이 3명, 5, 6학년이 4명 등 12명 뿐이다. 조돈창 선생은 신평 분교에 오면서부터 무엇인가 이루려는 큰 뜻을 지니고, 오던 해 2, 3학년 남자 4명의 아이들을 이끌고 배드민턴을 시작하였다. 비록 미감아 일지라도 능히 해낼 수 있다는 긍지로 열성으로 시작하였다. 배드민턴이 실내경기이기에 실내 체육관이 있어야 했으나 그런 시설을 기대할 수도 없기에 20리 떨어진 읍내 중학교 체육관을 빌려 쓰기로 하였다. 어린 선수 4명의 체력관리도 문제가 되었고 당장 '셔틀콕' 공급하기도 만만치 않았다. 가난한 고장이지만 우선 체육진흥회를 조직하여 동의를 얻고 학교 교비에서는 일부 충당하면서 항상 조 선생의 호주머니는 텅텅 비우기 일쑤였다. 그러나 이루고야 말겠다는 집념은 어떤 난관도 뚫어야만 했다.

84년 4월부터 시작한 분교 2, 3학년 남자 4명의 선수는 실로 1

년만인 85년 9월에 전국 대회 처녀 출전을 했으나 예선에서 탈락하고 말았다. 그러나 조 선생과 선수 4명은 절치부심 굴하지 않고 몇 번이고 도전 끝에 3년만인 87년 봄에는 경기도 배드민턴 소년체전 대표팀으로 껑충 뛰어올랐고, 이 여세를 몰아 10월 부산에서 열린 전국 소년체전에서 초등학교 남자부 배드민턴에서 은메달을 따내고야 말았다. 온 마을이 축제에 들떴고 우리의 꼬마선수 4명은 군에서 실시하는 환영대회에서 카퍼레이드를 받았고 수많은 격려와 박수와 눈물을 받았다. 42명의 재학생, 열악한 미감아 분교의 꼬마들이 이 마을, 이 도시에 자부심이 되었고 노력으로 이뤄낸 쾌거가 아닐 수 없다. 매스컴이 격찬하였고 이들의 승리를 값지다고 했다. 얼마나 많은 패배의 눈물과 비굴을 딛고 일어선 승리냐. 선수 3명은 졸업과 동시에 성남의 한 중학교로 스카웃되어 갔고, 한 학년 아래인 종근이만 외톨로 남게 되었다.

산교육의 경험

85년도에 우리는 몇 가지 주요사항을 교육과정으로 하여 실행키로 했다. 그것은 여행에서 얻은 산교육의 실천이었다. 우물 안 개구리로서의 편협이나 편견을 벗고 누구와도 경쟁하고 당당히 살려면 부모가 물려준 열등감이나 아픔을 이 세대에게만은 슬기롭게 벗어나야 한다. 그것은 폭넓은 시야와 경험에서 얻어질 수 있다고 보았다. 또 자연을 배우며 창조력을 기르고 자연을 배우며 자연 속의 나를 인식하는 일, 서로 돕고 참고 견딜 줄 알며 나의 능력을 신장시키는 일은 바로 자연과의 많은 접촉에서 얻어질 수 있는 것이라 생각되었다. 봄에는 민속촌과 자연농원에서 하루를 보냈고, 여름에는 방학을 이용하여 2박3일 일정으로 관내 풍혈산 계곡으로 캠핑도 갔다. 1학년부터 6학년까지 남녀별로 7개 조를 편성하여 개인 텐트나 코펠, 버너 등 일체의 도구와 용구를 장만하도록 하여 시도하였다. 스스로 취사는 물론 훈련 일정에 따라 자율적인 생활을 하였다. 수집하고 채취하고, 잡고, 만들고, 관찰하고 수영도 배우고 자수 훈련도 했다. 가을에는 바닷가로 가서 먼 나라를 그려도 보고, 겨울에는 등산 장비를 마련하여 왕방산 정상까지 등산을 하였다. 가파른 눈길을 2시간 만에 정복하고 악조건 속에서 취사해서 밥을 지어 선밥도 3층 밥도 맛있게 먹었다. 1학년짜리 현철이는 용감상 트로피를 안고 희색이 만연하였다. 추위가 무슨 소용 있으랴. 밤 8시가 넘어 버스 편으로 돌아왔다.

제1회 신평등산대회라 이름 짓고 매년 이어가기로 했다. 다음 해에도 우리의 이러한 의도는 계속되었다. 어린이 대공원을 비롯하여 현충사, 국립박물관, 국립과학관 등 아니 가본 데가 없을 정도다. 아이들은 언제나 즐거워했고 우리를 잘 따랐다. 너희들에게만은 절대로 마음속의 어두움이 있어서는 안 된다고 그것을 폭넓은 경험을 통해서 극복하기를 바랬다. 전철 타는 법, 버스 타는 법 여기서 지켜야 하는 예절들을 우리는 학습했다.

몸과 마음이 일체되는 날

42명의 가을대운동회의 날이다. 온 동리가 동물사료를 일찍 주고 집을 비우고 분교 운동장으로 모여들었다. 교사, 학부모, 학생 모두 다 해야 100명 정도에 불과하지만 그 열기만은 수천 명이 모인 큰 행사처럼 뜨겁다. 큰 집 대문 크기만도 못한 정문에 아취를 매달고 만국기가 휘날린다. 천막도 여기저기 쳤다. 개선문과 용진문도 만들어 세우고 아침부터 리듬합주 35명은 고향의 봄을 연주한다. 마이크를 타고 스피커의 울림이 그럴듯하다. 작년까지만 해도 10여리나 되는 본교에 가서 운동회를 하고 지친 몸으로 분교까지 걸어 올라왔지만 금년부터는 그럴 필요가 없다. 본교 아이들의 기에 꺾여 달리기를 제대로 했을라구? 보잘 것 없지만 우리 힘으로 재미있게 해보자!

연구 고심 끝에 봄부터 프로그램을 만들었다. 짜고 보니 36 종목이나 되었다. 우리가 한 차례, 아빠 엄마가 한 차례씩 같이 하는 것, 한 차례씩 돌아가며 프로를 짰다. 조 선생은 전교생 디스코를 다른 학교 여선생한테 배워서 가르치고, 김 선생은 소북놀이 춤을 가르치고, 나는 이날을 위해 봄부터 뜀틀과 매트 놀이를 가르쳤다. 그리고 체육대회 임박해서 곤봉체조를 가르쳤다. 종목도 다양했다. 배드민턴 게임도 있고, 씨름도 벌어졌다. 아동 상품보다 어른 상품이 훨씬 많다. 한 학생이 개인 종목에 6번은 나가야 되고, 어른들도 개인 종목이 여섯 가지가 넘는다. 신바람 나는 하루해가 기운다. 이제는 학부모, 학생, 교사 할 것 없이 모두 지쳤다. 마지막 종목은 '디스코댄스'다. 부모와 학생이 짝이 되고, 학생과 선생이 짝이 되고, 학부모와 교사가 짝이 되어 춤을 춘다. 끝나기가 아쉬워서 테이프 음악을 다시 틀었다. 두 번째 테이프가 다 끝이 났어도 자기 자리로 돌아갈 줄 모른다. 우리 선생들은 징과 꽹과리를 집어 들고 저들 속으로 뛰어들었다. 딩, 딩, 짜장짜장 짱짜장, 디스코가 금세 우리 춤으로 바뀌었다. 덩실덩실 우리 춤을 추는 사람 차차차로 룸바로 추는 사람, 트로트로 추는 사람 각양각색이다. 운동장을 빙빙 돌았다. 모두가 춤에 취해있었다. 두고 온 故鄕에 취한 걸까, 잃어버린 과거에 취한 걸까, 인생에 취한 걸까? 아이들까지 혼연일체로 취하고 있었다. 지역사회 학교의 승화였다.

동행

분교의 학부모들은 자식들 기르고 가르치는 일에 정성을 다했다. 자식만큼은 좋은 환경에서 격의 없이 성장해서 자신들보다는 더 나은 삶을 살기를 갈구했다. 선생님을 믿었고 자식들을 안심하고 맡겼다. 선생님에 대한 고마움이 지극했고 감사할 줄 알고 팥으로 메주를 쑨다고 해도 믿고 따라주었다. 그리하여 그 지극한 마음이 자기 자식들에게 돌아갈 수 있게 하였다. 우리 교사들은 학부모의 마음도 헤아리고 착하고 순수한 이 아이들의 동심을 인간애와 교육애로 정성을 쏟아 가르치려고 했다. 단 한 명의 지진아나 한글 미 해득자도 없다. 개별학습이 가능하고 학습 자료도 풍부하다. 어쩌면 복식수업에서 얻어지는 이로움이 더 많게도 생각되었다. 1, 2학년이 같이 배우니까 1학년은 누나 형으로 대우하는 질서를 배우고, 2학년은 의젓한 형 노릇을 하며 가르쳐 주면서 우애 있게 지내기도 한다. 교사가 미처 손을 쓰지 못하는 부분까지 아이들은 아이답지만 어른스럽게도 성장하게 된다. 학교가 집과 가깝다보니 점심시간에는 삼삼오오 집에 모두 보내서 따뜻한 밥을 먹고 오게 하였다. 학교는 늦도록 학생과 같이 자기 공부를 할 수도 있고, 학교는 이 아이들에게 멋진 성장의 안식처가 되고, 꿈을 펼칠 수 있는 이상향이 될 수도 있다. 우리는 항상 그들 곁에 있었다. 동행하는 것이다.

숙직하는 날 감상

우리가 부임하던 84년 겨울부터 작은 숙직실에는 TV 수신기와 VTR이 설치되어서 숙직을 하는데 별로 심심하지는 않았다. 직원 4명이 그 중 김씨만 이틀에 한번씩 하고 그 사이를 우리 셋이 돌아가며 하기 때문에 물론 혼자 숙직을 하게 된다. 석양이 지면 여느 학교처럼 아이들이 귀가하고 나면 무척 조용하다. 멀리 43번 국도에서 모래 싣고 달리는 트럭의 엔진 쇳소리가 간간히 들릴 때쯤이면 시장기가 밀려온다. 쌀을 씻어 전기밥솥에 밥을 안치고 뜸이 들면 집에서 아침에 가져온 반찬을 풀고 저녁밥을 먹는다. 남는 반찬은 또 내일 아침과 점심까지 먹게 된다. 언제나처럼 녹초가 된 상태라 설거지는 내일로 미루고 TV와 신문, 책을 보면서 잠을 청한다.

올빼미(부엉이) 우는 소리가 함바위 중턱쯤에서 그 청아한 음색을 과시할 때쯤이면 나는 깊은 상념을 쫓아 어디론가 가고 있다. 잠을 이룰 수가 없다. 뒹굴다가 벌떡 일어나 소주 한 컵을 들이 키고 먹다 남은 김치 쪽을 씹는다. 5분쯤 후에 취기가 등줄을 타고 오른다. 밖으로 나온다. 스위치를 켜면 백열등이 숙직실 현관과 미니 2층 교실 끝까지 켜지게 되어있다. 운동장으로 발걸음을 옮긴다. 좀 춥다. 50m쯤 되는 운동장 끝에 서서 교사를 바라본다. 아래층에 교실이 2개, 2층에 교실이 하나 있다. 교실 유리창이 불빛과 달빛을 받아 반사되어 뿌연 갈색을 띠고 있다. 한 바퀴 교실을 돈다. 문득 주춤거리며 멈춰 선다. 천하대장군과 지하여장군이라 쓴 두 장승이 괴물처럼 눈을 부릅뜨고 있다. 금년 봄 조 선생이 우물 옆에 서 있던 오동나무를 베어서 여름내 그늘에 말렸다가 끌로 파고 다듬어서 장승을 만들어 뒷마당에 세웠다. 장승을 세우던 날 아이들과 우리는 막걸리를 붓고 엎드려 큰 절을 했다. '수호신이여 이 마을을 지켜주시고 이 작은 학교를 지켜주시고 여기 있는 학생들의 장래를 지켜주십시오.' 부엉이가 또 한 번 부엉-하고 가까이서 운다.

절약과 저축을 가르치다(교육은 훈련)

아이들은 매주에 한 사람도 빠짐없이 저축 돈을 가져온다. 자기 집이나 이웃집에서 달걀을 걷어주거나 심부름을 하고 그 보수를 받아 모아두었다가 매주 수요일마다 저축을 한다. 84년부터 86년까지 3년간 군내 32개 초등학교 중에서 가장 저축을 잘하는 학교로(분교) 84년에 교육장의 표창을 받고 85년에는 재무부 장관의 표창도 받았다. 여름에 잔디씨를 모으고 폐품을 팔아서 모아두었다가 본교에서 행하게 되는 졸업식 전날 우리 분교가 주관하는 전교생 파티를 열어준다. 이름하여 사은회인데 떡과 과일과 음료수를 마련하고, 동네 몇 분을 모시고 졸업생을 상좌에 앉히고 사은회를 갖는다. 40명 분교생들이 모두 노래 한마디씩하고 오락을 즐긴다. 졸업생 형, 언니에게 선물을 준비하였다가 전해주며 즐거운 하루를 보낸다.

우리는 민주교육을 실천하려 노력했다. 본교의 훌륭하신 교장선생님은 우리 분교에 대하여 일체 관여하거나 잔소리를 하지 않고 「멋있는 교육을 한 번 해 보슈!」 이 한마디로 격려하고 本校에서 집행했던 예산(교비) 일체를 모두 분교에서 알아서 쓰도록 특단의 배려를 해 주셨다. 나는 이 사실을 분교에 들르신 교육장님께 훌륭한 교장선생님을 선전해드렸더니, 교육장께서는 당장 교육청에 가서 관내 다른 학교 분교에도 신평분교처럼 예산을 보내라고 지시하였다. 교육계의 권위주의가 점점 사라지고 있었다. 내가 명목상 주임교사로 분교의 책임자이지만 한 번도 이를 의식해본 적이 없다. 우리는 모든 책임을 같이 했고 서로가 솔선하고 최선을 다했다. 우리는 교육자일 뿐이다. 이들의 미래가 우리에게 있다. 人間은 교육하기에 달렸다. 좋은 습관을 길러주고 한 사람의 몫을 다 하는 책임감을 갖게 하고, 사람다운 사람으로 성장할 수 있도록 최선을 다해 가르치고 돕는 일이다. 민주주의는 훈련이라 하지 않는가. 깨끗이 사용한 운동장이나 교실은 더 이상 청소할 필요가 없다. 교육도 훈련일 뿐인 것이다.

이별하던 날

3년간의 정겹고 정성을 쏟았던 신평리의 분교에서 나와 김 선생 둘이 떠나게 되었다. 조 선생은 배드민턴 공로로 1년간 유예가 되어 남게 되었다. 3년이란 기간이 이리도 짧은지 아쉬움이 더 크다. 애초에 3년이란 유효기간이 있었기에 보람 있게 살려고 노력한 것은 아닌지 지나고 보니 너무 짧아 아쉬움이 남는다.

87년 2월 27일 봄방학 중에 발령이 났고 바로 3년 전에 이곳에 오던 날처럼 동리 가가호호를 방문하여 인사를 드렸다. 아이들이 주르르 따르며, 귀퉁이를 돌며 뒤돌아서며 눈물을 감춘다. 3년이 지난 지금은 정이 들어서 내 집 내 식구 같다. 그동안 이들과 같이 해 온 고락의 날들이 점점이 아른거린다. 말을 잇지 못하는 저들, 말을 하지 못하는 우리, 우리는 서로의 눈빛을 읽으며 무거운 발길로 작별을 고했다. 이날 저녁 동리 유지 여러분이 몸소 나와서 읍내에서 우리를 위한 송별연을 베풀어 주었다. 나는 배불리 먹고 마음껏 취했다. 택시까지 잡아주며 손에 쥐어주는 것은 만년필이었다. 처음 받는 귀중한 선물이었다. 나는 그들에게 무엇을 남겼을까? 되씹으며 헤어지기 섭섭한 작별의 손을 놓았다. 2월의 차가운 밤 추위가 옷깃을 다시 여미게 했다.

1. 본 원고는 당시의 일기 기록에서 정리하였음.
2. 조돈창 선생 : 후에 학교장, 교육장, 교육위원 역임하고 퇴임 후 가산노인대학장 역임
3. 김주방 선생 : 후에 장학사, 학교장 역임하고 퇴임 후 지병으로 사망
4. 당시의 제자들 : 모두 시집, 장가 잘 가고 아이 낳고 잘 살고 있음.

우물 안 개구리의 행복

개구리가 우물 바닥으로 내려온 지 사흘이 지났습니다. 샘이 마른 우물입니다. 개구리는 '행복'을 찾아 두레박줄을 타고 어렵게 내려왔습니다. 밖에서 내려다본 우물은 마치 궁전 같았습니다. 잘 먹고 편안하고 하루하루가 즐거운 삶으로 이어질 것 같았습니다. 가슴이 벅찼습니다. 모두가 '어딘가 행복의 나라'가 있다고 말한 곳이 바로 이곳이었습니다. 개구리는 줄을 타고 모험을 감행했습니다. 그런데 그 꿈은 내려온 지 얼마 안 되어 깨졌습니다. 파란 하늘이 보이던 물은 샘물이 아니고 빗물이 고여 썩고 있었습니다. 낙원 같던 우거진 숲은 잡초가 무성한 것이었습니다. 궁전처럼 보였던 돌기둥은 커다란 자갈돌이고 파란 이끼가 돋아 예쁜 정원처럼 보였던 것이에요.

만란을 무릅쓰고 찾아온 곳은 환상이었습니다. 행복이 아니라 죽음을 떨쳐버릴 수 없게 되었습니다. 하늘을 보면서 내가 살던 곳으로 다시 나가고 싶었습니다.

'게 아무도 없어요? 살려주세요!'

'이 두레박줄을 당겨줄 사람 없어요?'

소리쳐 봐도 아무 반응이 없었습니다. 있는 힘을 다 해 줄을 끌어

봐도 번번이 한 뼘도 못 오르고 미끄러집니다. 해와 달이 된 남매에게 내려준 동아줄이 필요합니다. 누군가 구해주지 않으면 죽음만이 있을 뿐입니다. 개구리는 후회의 눈물을 흘립니다. 자신의 경솔한 행동을 질책합니다. 그리고 행복했던 시절이 주마등처럼 뇌리를 스쳐갑니다. 올챙이 적에 엄마 따라 수영을 배우며 넓은 논을 헤엄치던 시절이 그리워집니다. 앞다리, 뒷다리가 나오고 꼬리 대신 뒷다리로 개구리헤엄을 치며 넓은 연못을 떠돌아 놀던 시절도 애절하게 그립습니다. 그리고 넓은 세상을 친구들과 어울려 여행했던 추억을 어찌 잊을 수가 있겠습니까?

과거의 작은 일들이 즐거운 추억이 되어 그리움으로 미칠 것 같습니다. 그때가 행복인 줄 모르고 다시 더 큰 행복을 찾아 나선 자신의 경솔이 부끄럽습니다. 그곳이 행복의 나라인 것을 아무도 왜 가르쳐주지 않았나요?

행복의 나라로 돌아가고 싶어요. '만일 돌아가게 된다면 매일매일 행복을 확인하며 살고 싶어요. 저를 구해주세요.'

산 너머 저 멀리 행복이 있다기에
나두야 남을 믿고 따라갔지만
눈물이 글썽글썽 되돌아왔네

산 너머 저 멀리 행복이 있다고
남들은 말하고…….

– 칼붓세

오늘을 감사하며 살자

행복! 무엇인가?

새해 벽두부터 KBS 아침마당에 화두로 던진 주제다. 그 후 지상파 방송이 다투어 행복을 진단하고 있다. 행복이란 누구나 누리고 싶고 갖고 싶은 것이지만 보이지도 않고 만져지지도 않으니 행복을 생각하는 생각만 설왕설래하고 코끼리를 장님이 부분적으로 만져보는 것과 대동소이하다.

마침 지난번에 세계 120여 개국을 대상으로 행복지수를 조사해 보았더니 '덴마크'가 1위이고 우리나라는 41위라고 한다. 우리나라는 경제적으로는 세계 10위권인데 41위라니? 행복과 경제는 그렇게 밀접한 관계가 아닌 것 같다. 부자가, 나보다 더 잘사는 사람들이 결코 나보다 행복하다고 할 수 없음을 증명했다.

혹시 종교와 행복과는 밀접한 관계가 있지 않을까 해서 '해드리언 화이트'라는 심리학자는 전 세계 8만 명을 설문조사해서 만든 「세계의 행복지도」에서 덴마크가 가장 행복한 나라로 선정되어 조사했다. 덴마크는 주민 중 무신론자의 비율이 세계에서 세 번째로 높다. 국민의 43~80%가 특정한 신을 믿지 않는다. 그래서 결론은 행복과 국민의 신앙과는 별로 관계가 작용하지 않는다는 것이다. 부와 종교가 행복과 그리 큰 관계가 없다면 이 행복이란 무엇일까? 어디에 있을까?

행복을 찾아 나선 시인이 있다. '칼 붓새(시인)'는 '산 너머 저 멀리 행복이 있다기에 나도야 남을 믿고 따라갔지만 눈물이 글썽글썽 되돌아왔네. 산 너머 저 멀리 행복이 있다고 남들은 말하고…….' 이 시인은 행복이 어디쯤인가 어떤 곳인가 있을 법해서 찾았지만 그런 곳에 행복은 없었다. 뜬구름을 찾으러 잡으러 갔을 것이다. 행복은 남이 찾는 곳 멀리 있는 것이 아니라고 가르친다.

행복이 내 주변에 내 마음 속에 자리 잡아 있는 것 같은데 꼭 '이거다'라고 끄집어내기도 어렵다. 가령 한 가지 사건이나 현상을 놓고 비관론자는 '불행'하다고 비관 비난하고 낙관론자는 '행복'하다고 서로가 논쟁을 벌인다. 이거다 저거다 아무도 판단할 수 없다. 자신이 느끼고 수용하는 판단에 따라 행복이란 얼마든지 바뀔 수 있음을 알게 된다. 행복은 일방적일 수 있다.

지난 번 어느 신문에 100세 시대에 행복하게 살아가는 방법을 제시한 적이 있다. '① 연골 ② 인간관계 ③ 할 일'이다.

운동을 해서 연골을 튼튼히 해야 100세를 걸을 수 있고, 가족과 이웃, 친구들과 소통하는 인간관계가 좋아야 하고, 취미든 오락이든 할 일을 가져야 한다는 것이다. 그러면 곧 행복인 것이고 100세를 살아가는 방법이 될 수 있는 것이다. 행복이란 목표를 향해가는 과정의 행복도 중요함을 알게 한다.

또 이해인 수녀는 오늘을 감사하게 살라고 일깨운다. 「오늘, 오늘은 어제 죽은 사람이 그렇게나 살고 싶어 했던 오늘이고, 오늘은 또 내일을 살아가는 사람의 첫째 날」이다. 감사하며 살라고 한다.

이제 행복의 결론은 나있다.

'나는 오늘 행복하게 살고 있다.'고 확인하며 살아보자. 그 순간 행복이란 보이지 않는, 뜬구름 같은 추상명사가 우리의 가슴을 설레게 할 것이다.

행복은 언제나 내가 찾으려고 해야 찾아온다.

나의 오늘은 행복했다고 말할 수 있어야 한다.

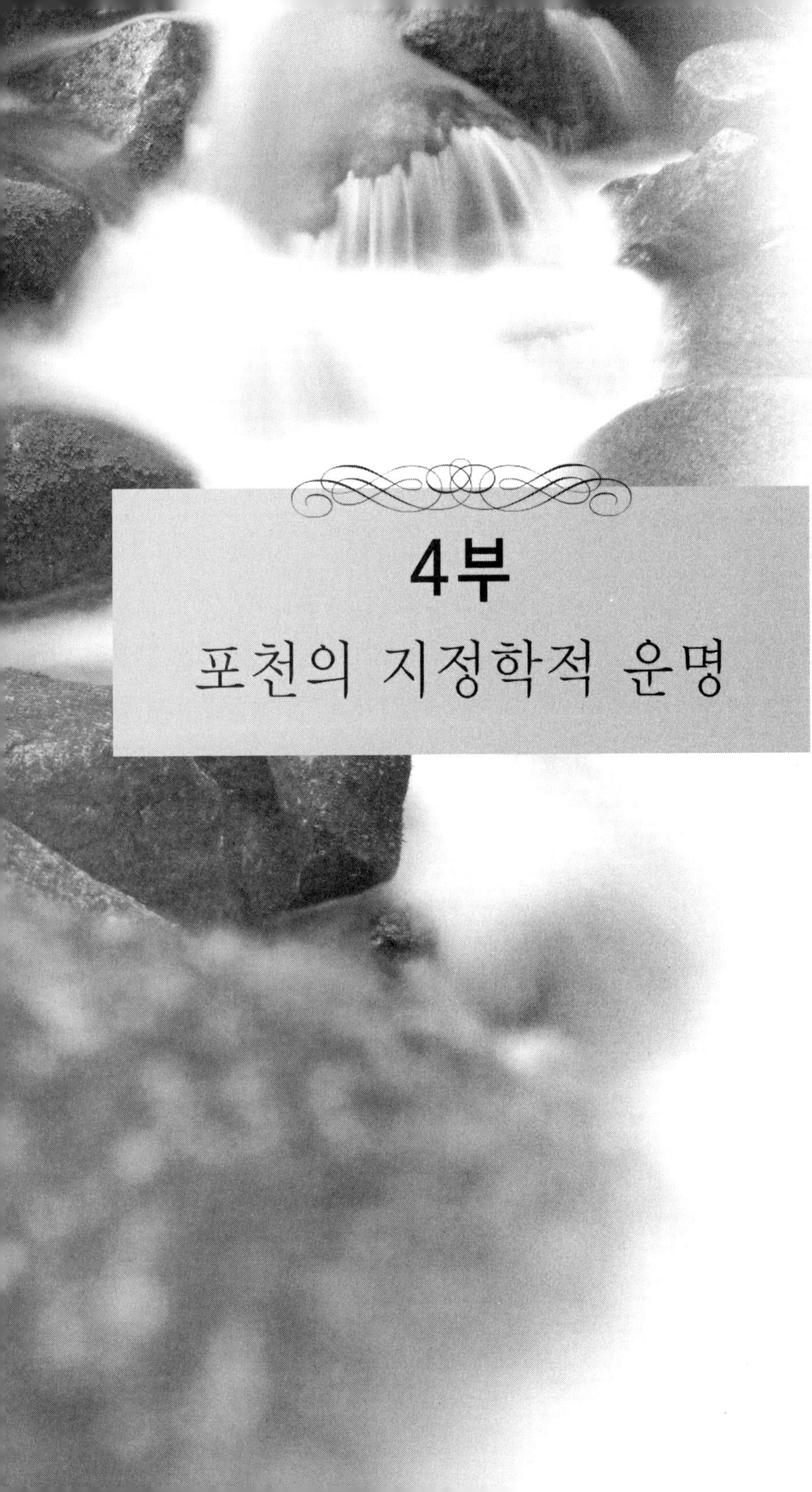

4부
포천의 지정학적 운명

포천의 지정학적(地政學的) 운명(運命)

옛날의 포천은 길목

요즈음 KBS에서 종영된 연속사극인 「근초고왕」(近肖古王)은 백제와 고구려가 수차례의 전쟁을 하며 부족국가를 통합하면서 고대의 강력한 국가(國家) 건설을 테마로 한 역사 '드라마'였다. 이 싸움에서 백제의 근초고왕은 한강을 넘어 고구려와 수차례의 전쟁을 하면서 결국 평양성을 뺏고 고구려의 국왕인 고국원왕(故國原王)을 전사케 하였다. 이때부터 포천 땅은 백제, 고구려의 싸움터가 되는 길목이 되었다. 여기에 신라까지 가세하여 군웅활거의 전쟁터로 포천은 말발굽이 지나가는 길목 역할을 톡톡히 해왔다. 이때 포천은 마홀(馬忽)이니 견성(堅城)이니 하는 지명도 얻었다. 포천에서는 척박한 땅을 지키며 농사라도 짓고 살 수 있었을까? 이쪽저쪽의 군사로 끌려가거나 노력동원으로 끌려가다 보면 평안히 살 수 있는 날이 그리 많지 않았을 것이다. 그 후도 고려가 탄생하면서 궁예와 왕건의 전설이 얽힌 사연으로 보아 수시로 위급한 전쟁터가 되었을 듯싶다. 이때는 포주(抱州)라는 지명도 얻었다. 지정학적(地政學的)

으로 포천은 운명적 길목 역할을 했을 것이다.

지금의 포천은 골목

언제부터인가 포천의 43번 국도는 오전에는 들어오는 차량으로 밀리고 오후에는 빠져나가는 차들로 정체가 일어난다. 막다른 골목의 특징이다. 들어오는 길이 넓고 좋아도 되돌아왔던 곳으로 나가야 하는 것이 골목이다. 막다른 골목은 그 골목에 살지 않는 한 빠져나가야 한다. 포천의 막다른 골목도 운명적이다.

1945년 해방이 되고 48년에 대한민국이 수립되었을 때, 남과 북으로 38선이란 막다른 길의 팻말이 둘러쳐졌다. 1950년 6·25때 이 팻말을 걷어내고 뚫리는가 싶더니 백성만 희생되고 '휴전선'이란 팻말로 이름만 바뀌었다. 이 휴전선은 포천에 아주 불리한 것이었다. 「막다른 골목」이라 낙인을 찍은 거나 다름없었다. 다른 고장은 훨씬 빨리 개발되고 번성하는데 비해 침체를 벗어날 수가 없었다. 군사적으로 제약을 받게 되어 효과적인 계발을 못했다. 다른 고장의 흉내라도 내려고 그럴듯한 청사진을 만들어도 관심을 가졌다가 물러난다. 수지타산이 안 맞아서다. 남는 장사가 안 되어서다. 이 또한 막다른 골목이기 때문이다.

통일이 되어 휴전선이 무너지고 금강산으로 평양으로 길이 열릴 때 차량들도 몰리지 않고 정체되지 않을 것이다. 하지만 요원하게 생각된다. 막힌 지 환갑이 넘은 이 운명의 '벨트'가 그리 쉽게 풀어

지기란 쉽지 않을 것 같다.

포천의 막다른 골목을 운명으로 받아 이에 걸 맞는 '행복도시'를 설계해야 할 것이다.

- 행복도시의 꿈 -

○ 문화예술의 향기 나는 도시

○ 자연 그대로가 아름다운 도시

○ 선비의 고장다운 예절의 도시

○ 깨끗한 녹색 환경산업의 도시

○ 선열의 자취가 그윽한 도시

○ 머물다 가고 싶은 관광의 도시

○ 잘 가르치는 배움의 도시

○ '스토리텔링'을 만드는 창조의 도시

포천의 운명적(運命的) 가난

포천은 일찍부터 가난했다. 물론 가난은 죄가 아니라고 했다. 옛날 말에 나랏님도 백성의 가난을 구제하지 못한다고 했다. 포천이 예부터 가난했었다는 구체적 물증이 남아있으니, 이곳 포천현감으로 포천에서 1년여를 근무했던 이지함(토정비결의 저자) 현감이 당시의 임금이었던 선조대왕께 올린 글월(탄원서)에서 찾을 수가 있다. 400여 년 전 토정 현감이 이곳에 부임해서 보고 느낀 것이 '리얼'하게 묘사되고 있다.

'어미 없는 처량한 거지 아이가 소장에 병이 들어 온몸이 초췌하고 기름기와 피가 다 말라 그의 죽음이 아침이나 아니면 저녁으로 다가와 어떤 명의(名醫)라도 고치기 어렵다.'고 한탄하고 거리에 할 일없이 득시글거리는 걸인(乞人)들을 위해 걸인청(乞人廳))이란 구제소를 만들어 죽을 쑤어 먹이기도 하였다. 어느 집이던 찾아가 보면 먹지 못해 얼굴이 부은 아낙네의 젖꼭지를 빨고 있는 삐쩍 마른 아이들을 보며 현감은 탄식했다.

'이 노릇을 어쩔꼬, 벌써 5천석이나 이웃 현에서 빌려온 곡식은 바닥이 났고 출장 다니는 관리들이 이 가난한 고장에 와서 양곡을 축내며 드나들고 있다.'

'전하 이곳 포천 백성은 실로 가난하며 굶주리며 살고 있습니다. 이대로 1년만 놓아두면 모두 굶어죽을 것입니다. 바라옵건대 어디 바다라도 있다면 빌려주십시오. 사람들을 모아 고기를 잡아다가 팔아 쌀을 사서 먹이려고 합니다. 바다가 어려우면 어디 광산(鑛山)이라도 빌려 주십시오. 금이나 은을 캐서 팔아 쌀을 사다 이들 백성을 먹여 살리도록 해 주십시오.' 상소문을 임금께 올렸으나 아무런 임금의 대꾸가 없자 재임 1년 2개월 만에 스스로 현감 자리를 물러나 고향(아산)으로 돌아갔다.

지함 선생의 상소문이 있기 훨씬 전에도 포천의 가난에 대하여 조선왕조실록은 증언하고 있다.

세종 때, 김숙공(金淑恭)이란 새로 부임하는 포천현감에게 세종께서 '근년에 포천은 풍년이 들지 아니하여 포천 백성이 고생하는 사람이 많으니 가서 그대의 마음을 다하여 그들을 굶주리게 하지 말라'고 당부하는 모습이 보이고, 세종 지리지에도 '포천은 땅도 메마르고 기후가 일찍 추우며 간전(墾田 : 개간한 땅)이 많은 땅'이라 하였다.

또 세조 8년에는 '포천은 모두가 산전(山田)이어서 백성이 해마다 경작하지 못하고 서로 진황(陳荒 : 땅을 묵혀서 거칠어짐)하니 재상전(災傷田 : 재해를 입은 밭)처럼 답험(踏驗 : 논밭에 가서 실제로 조사함)하여 면세(免稅)하게 하소서.'라고 영상 등이 건의하여 그렇게 하라고 하였다.

성종 3년에도 '포천은 잔폐(殘弊 : 기세가 다하여 피폐해짐)함이 더욱 심하여 민생이 가궁하니 청컨대 5년을 한도로 권도(權道 : 수

단은 옳지 않으나 목적은 정도에 부합하는)로 불긴(不緊 : 긴요치 않은)한 공물(貢物 : 나라에 바치는 물건)은 면제하소서.'라고 청하니 그렇게 하라고 하였다.

가난은 답습하는가. 얼마 전 경기도청에서 발표한 2011년도 31개시·군의 경제 자립도(自立度)는 포천시가 32%로 동두천과 연천보다 조금 나은 편으로 나와 있다. 자립도 32%는 절대적 삶의 기준으로 볼 수는 없지만 우리가 스스로 설 수 있는 능력이 32% 정도이고 나머지 68%가 누군가의 도움이 있어야 된다는 것이니 가난한 것이 틀림이 없나보다.

20년 전에도 35%로 알고 있었는데 좀처럼 우리 재정의 자립도가 상승하지 못하고 있는 것이다. 인간의 욕구가 팽창하고 씀씀이가 고속으로 늘어나고 있다. 어제의 만족했던 재정도 오늘은 부족한 것이 인간의 욕구다. 포천의 운명적 가난은 누구 탓이 아닐 것이다. 인간의 욕구는 커지면서 욕구를 충족할 능력이 따르지 못하기에 충족의 균형을 이루지 못하는 것이다.

헌데 욕망의 한계가 있으랴.

세종과 포천

머릿말

세종은 조선조 태조의 손자요 태종(방원)의 셋째 아들로 조선의 네 번째 왕이다. 세종은 21세(1418년) 때 임금으로 즉위하고 53세(1450년)의 단명으로 사망했지만 재위 32년이란 긴 기간 동안 조선조 초기의 사회 안정과 국력 증강 등 건국의 초석을 다진 성군(聖君)으로 추앙받고 있는 왕이다.

한글을 비롯한 문화, 예술, 과학에 이르기까지 조선왕조의 '르네상스' 시대를 열어 조선왕조가 500년을 지탱할 수 있는 탄탄한 길을 열어 놓은 임금이다. 세계에서 이름난 황제나 장수, 학자들이 많이 있었지만 세종대왕만큼 야심과 지혜로 솔선수범하여 국가를 이끌었던 인물을 찾기란 쉽지 않다.

세종과 포천의 인연

세종과 포천은 무슨 인연이 있을까. 우리는 오랫동안 세종이 포천과는 별로 연관이 없는 것으로 알고 지내왔다. 실제로 관심도 없었다. 역사가 숨겨져 있었기 때문이다. 그러나 수백 년 서고에 묻혀 있던 조선왕조실록이 세상에 빛을 보면서 세종과 포천의 인연이 '타임머신'을 타고, 우리고장 내 가까이서 '클로즈업'되었다. 설화나 전설도 아니고 '리얼'한 진실로 다가온 것이다. 참으로 감동이 아닐 수 없다.

세종은 그의 세종실록에서 포천을 사랑하고 포천을 고향처럼 드나들었다. 왕방산, 해룡산에서 사냥도 하고 강무(군사훈련)를 했다. 사냥과 군사훈련을 마치고 환궁하지 못할 때는 구군(驅軍 : 사냥몰이) 군사와 같이 포천의 매장원이나 영평현의 굴동(堀洞)이란 곳에서 이들 군사와 같이 숙식을 하며 머물렀던 기록이 그의 재임 중 90회 가까이 이르고 있다. 군사훈련과 사냥을 할 때는 구군(驅軍)이 2,000명이 넘을 때도 있었고 세종이 직접 활을 쏘아 잡은 노루나 멧돼지 등을 상황(上王)이 계신 곳으로 보내기도 하고 훈련하는 군사에게 시상품으로 하사하기도 하였다.

세종의 사냥터

세종은 포천을 고향의 내 집 다니듯 다녀갔다.

세종은 어가를 이용하여 포천을 넘어왔고 말을 타고 장수들을 이끌고 사냥 나오고 그들과 같이 군사훈련을 했다. 세종대왕의 이 군사행렬은 평화로운 시절이라고는 하나 장관을 이루었을 것이다. 좁은 길에 2000명 군사들이 길게 늘어서 행진을 했을 것이고 사냥할 때는 산의 중간 지점을 기점으로 하여 위에서 몰고 아래에서 쫓고 함성을 지르며 사냥했을 것이다. 문무(文武)를 겸비한 세종은 짐승 몰이를 군사훈련과 연계하여 군사력을 기르고 고구려 때 잃은 땅을 되찾고자 전쟁 준비를 하고 침략에 대비하였을 것이다.

밝혀지지 않은 지명

임금의 행차에는 언관(言官) 서너 명이 수행하고 있다. 이들은 임금의 뒤를 따르며 그날의 임금의 일과를 기록해두었다가 환궁했을 때 사초를 기록하는 사관(史官)에게 보고했을 것이다. 그런데 이렇게 기록된 지명(地名)이 지금은 어디인지 알 수 없는 것이 의문으로 남아 있다.

실록에는 포천현이나 영평현 왕방산(王方山)이나 해룡산(海龍山) 등은 지금도 알려진 지명대로 남아있으나 세종이 숙식(宿食)을 했다고 기록된 영평현의 굴동(堀洞)이나 포천현의 매장원(每場院)이란 지명이 실록에 각각 22회, 25회나 나오지만 지금의 어디쯤인지 알 수가 없다. 포천의 지을동(知乙洞), 하교(下校), 유전(柚田), 송원(松園) 등의 지명도 세종이 머물렀다고 되어있으나 지금은 이 지명이 없다. 천명, 또는 이천 명이나 되는 군사가 사냥도 하고 숙식도 하면서 강무를 하려면 커다란 막사나 강무장이 있어야 하는데 지금은 지명뿐만 아니라 흔적도 찾을 길이 없다. 추측컨대 군사훈련 지역을 대외비(對外秘)로 일반인이 모르게 행하여졌던 것이 아닌가 싶기도 하고 또 실록에 나오는 지명은 거의가 한자(漢字) 지명으로 되어있고 일반 사회에서 쓰이는 지명은 거의가 순 우리말 글자로 되어있는 것으로 보아 전혀 다르게, 모르게 사용된 것으로 보여진다.

이성계 방원과 포천

세종의 할아버지인 태조 이성계는 그가 아직 왕이 되기 전부터 포천에서 살았다는 기록이 있다. 언제부터 얼마동안을 살았는지 명확하지는 않으나 이성계가 요동 땅을 지키던 장수시절 요동 정벌에 나가 있는 사이 나라의 변고가 발생했다는 말을 들은 태종(방원)은 서울에 있으면서 사제(私第)에 들어가지 않고 곧 말을 달려 포천으로 와서 어머니(신의왕후)와 계비 신덕왕후와 이복동생(방번, 방석)을 말에 태워 동북면으로 7일 동안 피신시켰다가 일이 안정된 것을 알고 돌아왔다는 기록으로 보아 태조 이성계의 비(妃)와 빈(嬪)이 모두 포천에 거주하였으며 신의왕후는 포천의 재벽동(滓甓洞)의 전장(田莊)에서 살았고 신정왕후는 포천의 철현(鐵峴)의 전장에서 살았다고 명확히 되어있으나 현재 이 지역 이름도 찾을 수가 없다.

포천의 지명유래에는 궁말, 용상골, 부인터가 옛 지명으로 전래되고 있다. 궁말은 이성계의 둘째 부인 강씨(康氏)가 머물렀다고 하여 전해지고 용상골(龍床)은 이성계가 잠을 자고 갔다는 이야기가 있고 부인터(婦人)는 이성계가 다닐 때 따라다녔다는 궁녀 등 여자들이 머무른 곳으로 오늘 날까지 지명으로 남아있지만, 관련 자료가 있는 것도 아니고 설화나 전설로 남아있을 뿐이다.

세종의 포천 사랑

세종은 그의 재임 중에 포천을 많이 다녀간 관계로 누구보다도 포천에 대하여 잘 알고 있었으며 그 만큼 포천을 남다른 사랑으로 돌보아준 흔적들이 실록에 남아 있다.

① 세종 9년 8월 3일 세종실록에

포천 현감 신제(申悌) 등이 부임하는 자리에 임금이 불러 말하기를 '지금 하늘의 가뭄이 심하니 마음을 다하여 백성들에게 굶주림 없게 하고 내년의 농사도 그 시기를 잃지 않도록 하라.'고 하였다. 또 경기 감사 김겸(金謙)에게 계(啓)하기를 '각 사에 바칠 명년 공물(貢物)은 실농(失農)이 우심한 영평현은 전부 면제토록 하라.'고 하였다.(세종 6년 11월 20일)

② 세종 17년 7월 9일에 포천 현감 김숙공(金叔공)을 임금이 불러 말하기를 '근년에 포천은 풍년이 들지 아니하여 백성이 고생하는 사람이 많으니 가서 그대의 마음을 다하여 그들을 굶주리게 하지 말라.'고 일렀다.

③ 세종 23년 7월 20일에는 영평 현령인 김인(金璘)이 하직하매 인견하고 말하기를 '농잠(農蠶) 권가(權課)하는 것은 수령의 중한

일이요 의창(義昌)의 곡식을 거두어들이고 나누어주는 것도 역시 마땅히 힘쓸 것이니 네가 가서 정성껏 하라.'고 하였다.

세종은 효를 행한 임금

세종은 임금이 된 후 여러 차례 태종(세종의 아버지)인 상황을 뫼시고 포천이나 영평 등지에서 사냥을 하고 강무하는 모습을 구경하며 효성스럽게 모셨다. 어느 때는 태상왕(정종)까지 모시고 사냥을 구경하고 직접 활을 쏘아 노루와 산돼지를 잡았다. 세종 3년 3월 29일의 실록에는 상왕(태종)이 임금(세종)과 함께 포천, 영평 등지에 거동 갑사(甲士) 500명과 대장, 부대장과 별군 보병 2천명이 짐승을 몰게 하였다. 이때 상왕(태종)은 활을 쏘아 노루를 잡고 심곡 남쪽 산에서 사슴을 쏘아 잡았다. 저녁때는 영평현 강시(江時 : 이지명도 현재 없음)의 들에 머물렀다고 기록되어 있다. 또 세종 3년 11월 21일에는 세종이 태상왕(정종 : 세종의 큰아버지)과 포천 등 처에서 사냥을 구경하고 영평현의 객사(客舍)에 머무르는데 태상왕은 동쪽 상방(上房 : 윗방)에 유숙하고 세종은 서쪽 상방에 유숙하였다고 기록되어 있다. 그날 밤에 추위가 심하므로 어가를 호종하는 신료와 군사에게 술을 내려주었다. 세종의 효심이 드러나는 감동적인 장면이다.

세종 6년 10월 3일에는 세종이 철원 고석정 벌에서 사냥하고 낮참에 거기서 술상을 차리고 풍악도 잡히면서 머무르게 되었는데 궁

중에 있던 대군(大君), 제군(諸君)들이 입시하였다. 지신사(知申事)와 곽존중(郭存中) 좌대언(左代言) 조중생, 예조참판 이명덕을 불러 이르기를 3년 상(태종)을 지낸 뒤 이번이 초행이라 내일 경들을 위로하기 위해 먼저 우리 형님(양령, 효령)을 위로 하고자 하니 경들은 각각 술이나 따라 드리라 하고 특히 병조판서 조말생을 불러 이르기를 경은 지응사(支應使)로서 검찰(檢察)의 임무까지 겸하여 대사헌(大司憲)과 같으니 가까이 할 수 없는 것이나 어찌 친하고 두터운 정을 없애 버릴 수야 있으랴 경도 술을 따르라 하였다. 저녁에는 영평의 굴동에서 머물렀다.

임금이 궐을 비우고 밖에 나와서 유숙한 것이 포천 영평 말고는 그리 흔한 일이 아니다. 세종의 효행에도 포천은 멋진 장소로 출연하는 것이다.

맺는말

지금은 '스토리텔링'의 시대다. 어느 고장이나 조그마한 어떤 꼬투리만 있어도 이를 과대 포장하여 선전하며 그 고장의 부가 가치를 창출해내고 있다. 우리는 세종에 대하여 정치인 세종으로만 위대한 업적이 부각되었지만 그가 인간 세종으로의 삶의 진솔한 내용은 그리 알려지지 않았다. 포천은 세종이란 세계적인 인물과 운명적으로 만난 고장이다. 그가 이룬 업적이나 재위 32년의 역사에는 포천 영평이란 고장을 떼어놓고 말할 수 없다. 뜬구름이라도 잡고 무언가를 창조해내려는 오늘날 포천처럼 멋지고 충격적인 사실 이야기가 존재하는 곳이 몇이나 되겠는가. 우리 포천은 행운을 만난 것이다. 세종과 포천이 어우러지는 이야기를 온 나라에 말 하게 하고 몸으로 움직이게 하고 노래로 표현하게 해야 한다. 우리만이 가진 진실을 드러내야 한다.

왜 포천을 떠나려는가?

금년 1월 19일은 쌀쌀하고 흐렸다. 서울의 초미세먼지가 공기 1㎥당 81㎍(마이크로그램=100만분의 1그램)인데 포천의 경우 서울의 4배 웃도는 218㎍라고 보도했다. 천만 명이 사는 서울보다 포천이 네 배나 나쁘다니 이게 무슨 소린가? 이날 포천시민은 큰 관심 없이 활동하면서 이 나쁜 공기를 마시며 살았다. 그러나 이 미세먼지는 서서히 우리 몸에 들어와 쌓이고 달라붙어 생명까지 위협하게 될 것이다. 이날 필자는 외출을 접고 창문을 열지 못했다.

지난달 KBS 아침마당에서 기상관계 강사가 4지 선다형 문제를 냈다. 다음 중 제일 미세먼지가 나쁜 지자체는 어디냐고 물었다. ① 제주도, ② 서울, ③ 인천, ④ 포천 중에서 정답은 ④번의 포천이었다. 충격적이었다. 서울보다도 공기가 나쁘다면 인천보다도 나쁘다면 참으로 심각한 것이 아닐까 걱정했다.

어느 날인가 내 집(호병골) 마당에 세워둔 회색 자가용차가 아침에 일어나보니 까만 먼지가 수북이 쌓여있었다. 집사람을 불러 확인하고 사진을 찍어봤다. 아직 석탄발전소는 짓지도 않았는데 어디서 날아온 먼지일까 의심이 갔지만 확인하지는 않았다. 우리 집의 북쪽에서 날아오는 것이 틀림없었다.

필자는 52년 전(1966) 포천의 초등학교에 교사로 부임하였다. 전기가 없던 때라 호롱불을 켜고 야간 직원회의도 하고 아이들과 저녁 과외시간도 호롱불을 켜고 이루어졌다. 포장이 안 된 도로를 탱크부대가 지나가면 황색먼지가 온통 온 집안에 내려앉고 빨래를 널지 못했다. 탱크 훈련이 없는 날은 맑은 공기를 숨 쉬고 살았지만 고마움을 알지 못하며 살았다. 1970년이 되니까 전기불이 들어오고 TV를 보게 되고 냉장고에 음식을 보관하여 먹을 수 있게 되었다. 필자는 포천의 50년을 통해 삶의 질이 점차 발전하는 모습을 확인하면서 살아왔다. 빠르게 발전하지는 못했어도 그렇게 다른 곳보다 뒤처지지도 않았다. 이곳 지도자들의 노고도 보았다.

포천은 옛날부터 매력이 있고 풍요로운 고장은 아니었다. 포천은 대한 역사의 첫 장만 넘겨봐도 예로부터 가난한 고장이었다. 삼국시대는 이곳이 전쟁지역으로 젊은이는 전쟁터로 끌려가고 척박한 땅이 몇 년씩 가뭄이 들어 굶주림에 시달렸다. 세종 때는 포천백성을 위해 특별히 세금을 면제하도록 특별 재난지역이기도 했다. 지정학적으로 포천은 삼국시대 이래 조선시대, 일제 36년과 6.25사변을 겪으며 고통과 고난의 중심에 섰던 백성이었다.

1400년대 포천의 인구는 1000여 명에 불과했고 선조 때는 토정 이지함 현감이 이곳에 부임하자 세상에 이렇게 가난한 백성이 사는가 싶어, 선조께 도와달라는 상소를 올렸지만, 별 반응이 없자 1년

2개월 만에 현감 직을 마다하고 고향에 가버렸다.

포천은 지금 남북분단의 최전방에 있기에 영평사격장이라는 국가 안보가 담보로 잡힌 채 규제에 묶이고 도시계획법에 규제되고 발전이 막혀왔다. 어쩔 수 없는 포천의 지정학적 운명이라 치부하기엔 오늘날 우리가 당하는 고통이 너무 크다. 우리는 이를 해결해 나갈 능력 있는 지도자를 간절히 원한다. 국가나 지자체나 그 고장을 이끄는 지도자의 통치능력에 따라 잘 살고 못사는 것이 좌우되고 지도자의 능력에 따라 10년을 앞서 갈 수도 있고 10년을 뒤지며 살 수도 있다. 포천은 지금 모든 지자체 중 꼴찌에 머무르고 있다.

아침 신문에 필자는 좋은 어느 지자체 소식을 들었다. 전북 장수군의 빨간 농산물에 관한 기획 기사였다. 전북장수군 사과, 한우, 토마토(빨간 농산물)로 농가당 평균 7600만원의 소득을 올린다는 소식이며 2009년에 장수군의 토마토 농사가 10여 곳에서 189곳으로 12헥타르의 전략생산단지를 조성하여 2010년에 3053t에서 지난해 7118t까지 늘어났고 오미자 가공식품은 1037농가에서 174억원을 매출했다는 내용과 '장수레드푸드센터'에 10만여 명이 내왕하고 올해의 관광객 34만 명이 행사장에서 36억 원어치의 한우를 팔았다는 최용득 장수군수의 이야기가 나왔다.(인구는 23,000명)

통영에서는 피아니스트(23세) 조성진군의 피아노 콘서트에 티켓

1109장이 79초 만에 동이 났고 1300여 관객이 기립박수를 받았다는 13만의 작은 도시에서의 문화소식이 필자를 감동케 한다.

지자체도 하나의 정부다. 국정에 큰 틀은 대통령이 짜겠지만 민주주의시대 지자체야말로 그 지역에 딱 맞는 지자체 지도자의 능력에 따라 천차만별의 삶의 질을 연출하는 것이다. 제발 우리도, 포천을 떠나고 싶은 마음이 바뀌어 살고 싶은 마음을 갖게 할 수는 없을까.

포천 지자체의 미래

내 出生地는 서울이고 서울에서 30여 년을 살았지만 지금은 경기도 포천에서 살고 있다. 이곳 포천에서 산지가 52년이 넘었으니 포천은 내 고향이 되었고 포천 사람으로 자처하고 있다. 무엇이 좋길래 이 메마른 고장에서 인생의 반 이상을 살아왔는가? 자문하면서도 그럴만한 좋은 답을 못 찾고 있다. 1966년 봄에 이곳 초등학교로 발령을 받은 것이 내 뜻이 아닌 운명 같은 것이었다. 이곳에서 35년간의 교직을 마치고 퇴임하고도 18년을 살고 있으니 그냥 좋아서 산다고 해야 할까 뾰족한 답이 없다.

처음에 교사로 왔을 때, 가난하지만 때 묻지 않은 아이들을 보는 애틋함과 학부모들의 선생을 스승을 깍듯이 뫼시는 순진무구한 정에 이끌렸다고나 할까 내게는 서울에서 맛보지 못한 흐뭇함이 나를 사로잡은 것이 아닌가 생각된다. 66년의 포천은, 국도가 하나뿐인데 자동차 교행 안 되는 길만 포장이 되고 그 외 모든 도로는 흙먼지 길이었다. 이 흙먼지 길을 탱크부대가 일주일이 멀다하고 훈련 출동하는 날이면 동네 모습도 볼 수 없고 빨래도 널지 못했다. 학교 창문을 꽁꽁 닫고 지축을 울리는 탱크의 위용을 보며 살았다. 그때 포천 이동의 중심가에도 6.25 전쟁으로 폐허가 된 집들을 블록으로 짓고 살았다. 미국 서부영화의 건맨들이 대결하던 풍경이 지금도 생각난다.

발령받은 선생님이 부임도 하지 않고 돌아가고 학교는 새마을 운동으로 퇴비를 만들게 하고 화단에는 감자나 고구마를 심고 유실수를 심게 하였다. 전기도 들어오지 않아 긴 겨울엔 호롱불을 밝히며 직원회의도 하고 과외 공부도 하였다. 그 후 나는 이곳 포천에서 여러 학교를 전전하며 35년간의 교직을 끝으로 정년을 하게 되었다.

포천은 지금 인구 15만 남짓한데 16만에서 7, 8년 사이 계속 줄고 있다. 지금 포천 관내에서 연천군이나 강원도 휴전선으로 가는 길목에 세계적으로 규모가 크다는 양평사격장을 비롯해 5, 6개의 단위부대 사격장이 운영되고 있다. 1953년 휴전 이래 65년 동안 사격훈련이 이어지고 있다. 그 피해를 포천시민이 입고 있으나 부대 이동이나 포상 따위는 없다. 그뿐인가 포천에는 2개 군단이 큰 자리를 차지하고 있다. 도시계획법이니 군 관계 여러 법령에 묶여서 경제생활이나 일상생활에 큰 불편을 겪으며 살고 있다. 다른 고장이라면 결사 항쟁이라도 할법한데 포천은 안보 측면을 생각하며 아무 소리 못하고 있는 것이다.

포천은 선비의 도시이며 산자수명의 깨끗한 도시로 알려져 왔다. 옛날에는 현인묵객이 끊임없이 찾는 곳이지만 포천 학생은 타 도시로 많이 가고 이 대학들은 외지의 학생들로 운영되고 있다. 이곳 주민들은 해방 후 오늘까지 무조건 여당을 지지해왔다. 그중에 오치성씨나 이한동씨가 국회의원으로 또 내무장관, 국무총리로 포천에 끼친 영향이 큰 것은 사실이지만 그 이후의 큰 변화를 느끼지 못하고 있다.

포천은 작년에 구리 포천간 민자 고속도로가 개통되어 이 고속도로는 포천사람에게 유람이나 관광길로 이용되긴 하지만 석탄발전소 발전기를 돌리려면 이 도로는 하루 수백 대 석탄차가 달리며 석탄가루 날리게 되고 포천을 놀러왔던 관광객들은 점심만 먹으면 집으로 돌아가려는 승용차로 만원을 이룬다. 포천은 막다른 골목이기에 빨리 돌아가는 곳이 되고 사람들을 주목시킬 아이템이나 관광지가 주목을 끌지 못하는 실정이다.

나는 포천에 52년을 살면서 작년부터 수돗물을 먹기 시작했다. 이전까지 지하수를 먹고 살았지만 지금은 지하수마저도 부족하단다. 그런데 도시가스는 언제 들어올 것인지 우리 동네가 30호가 안되어서 끌지 못한단다. 얼마 전에 경기도 31개 시·군 중에서 포천의 도시가스 보급률이 꼴찌라고 공표했다. 지금 이 마을에 30호가 들어서려면 어디서 어디까지 집을 지어 OK 할지 알다가도 모를 일이다. 구실이고 규제일 뿐이 아닌가? 포천 인구는 줄어드는데 언제 누가 새로 들어와 집 짓고 살 것인지 요원하다.

지금 포천시의 재정자립도는 수년간 32%였는데 32%에서 24%로 떨어졌다는 뉴스를 들었다. 내 살아생전에 도시가스 보일러를 돌릴 수 있을까? 이번 달 전기료를 40여만 원을 납부했다. 포천의 끔찍한 추위가 1, 2월에 온다. 나는 이 겨울이 떨리고 춥기만 하다.

왕방산 호병골

- 새 역사를 쓰다

호병골

호병골은 포천의 명산인 왕방산 밑에 자리한 자연부락이다. 왕방산을 오르는 골짜기가 셋으로 나누어져 호병골 1길, 2길, 3길로 갈라 쳐서 자연부락을 이루고 있다. 이 호병골 초입에 위치한 아파트(한국아파트, 일신아파트)를 짓기 전에 그 자리에 도살장이 있었다. 불과 100호도 안 되는, 하루 종일 해가 드는 지역으로 작은 밭에 채마를 가꾸고 가축도 부업으로 하는 농촌 마을이었다.

산 아래 쪽엔 100년을 넘긴 초등학교(포천초등학교)가 있고 산 쪽으로 가면 왕산사(신라 때 지어진 절로 유래됨)가 있고 조금 떨어진 곳에 석조여래입상이 자리하고 있다. 왕방산을 뒤에 둔 이 호병골 마을은 사람이 살기 시작한 시기를 더듬어보면 지금으로부터 약 400년쯤 전인 조선조 광해군 시대로 보고 있다. 제일 처음 이곳에 들어와 살기 시작한 집안으로 나주 정(丁)씨로 한때, 4,50호에 이르는 집성촌을 이루었으나, 지금은 대부분이 타 지역으로 이주하고 정혁진(丁赫鎭 : 84세)외 11세대만이 아직도 마을을 지키고 있다. 이로 보아 제일 처음 살기 시작한 시기를 광해조 이후부터 호병골에는 사람이 살기 시작했으며 그 이전까지는 숲이 우거지고 노루 멧돼지가 뛰어 놀던 산림지역으로 추측된다.

사냥터

호병골은 사람이 살기 시작한 400년 이전에는 조선왕조의 사냥터였다. 포천동(호병골)의 옛 지명은 서면(西面)인데 이는 포천현(예 고을 : 지금의 군내면)을 기준으로 하여 기록된 견성지(堅城誌)에서 포천동을 현의 서쪽 5리에 위치하고 호병골은 현의 서쪽 7리에 위치한다고 기록되어 있다. 또 왕방산은 현의 서쪽 10리로 나와 있다. 호병골은 조선왕조 태조 때부터 특히 세종 조에 이르러 임금이 직접 어가를 타고 나와서 사냥을 하고 강무(講武)를 했던 곳으로 군사지역으로 아무나 출입할 수 없었던 곳이다. 특히 세종은 그의 나이 20세 때 왕위에 올라 53세에 죽을 때까지 32년간 왕위에 있으면서 포천으로 사냥 나온 회수가 50여 회에 이르고 그 중에서도 포천의 앞뜰, 포천현 뜰, 포천현 벌판 등에서 몰이 군사와 더불어 사냥을 했던 것으로 보아 10여 회에 달하는 세종의 사냥터는 바로 호병골이 된다.

세종 3년 3월 29일(신묘)과 그 다음 날인 3월 30일(임진)의 연이틀을 "세종께서 상왕(태종)을 뫼시고 포천 연평 등지에 거동하여 갑사(甲士 : 왕의 호위군) 500명과 대장 부대장과 별군(別軍) 보병(寶甁) 2천명이 짐승을 몰이하게 하였다. 태종이(상왕) 왕방산에서 활로 노루를 쏘고 심곡(深谷 : 지금이 신북면 심곡리, 왕방산 북쪽) 남쪽산 아래서 사슴을 쏘았다". 다음 날도 "상왕(태종)이 포천현 뜰에서 친히 돼지를 잡았다."고 세종실록에는 자세히 기록하고 있는데 여기에 나오는 심곡 남쪽산 아래 이거나, 포천현은 바로 호병골을 의미하는 것이다. 당시 포천현이 있는 곳은 지금의 군내면 우체국 근처로 현에서 보아 왕방산 쪽으로 펼쳐진 호병골이 포천현의 들판이 되고 벌판이 되고 있다. 확실히 현의 서쪽방향이 지세 상으로 타당하다.

세종의 사냥의 중심은 언제나 왕방산 쪽이었지 포천현청이 소재했던 동쪽의 수원산이나 남쪽의 가산면 방향의 민가가 있었던 자리는 아니었을 것이다. 세종 당시의 호병골은 군사보호구역으로 규제되어 사람의 거주나 왕래가 통제되었을 것으로 추측된다. 왕방산이나 호병골은 조선건국 이후 300년 가까이 사냥터로 군사훈련장으로 이어지고 이를 뒷받침하는 봉래 양사언의 왕방산에 대하여 읊은 시(詩)에서도 왕방산은 '낮에는 컴컴한 밀림(密林)'이고 '전나무, 대나무 숲엔 꿩, 토끼들이 늘 상 보인다.'고 까지 노래한 것으로 보아 호병골은 왕방산 아래 있는 곳으로 동물이 많이 사는 사냥터로 묘사되고 있다.

포천의 인구변화

포천은 예로부터 많은 사람들이 살던 곳이 아니었다.

'산자수려하고 경치는 빼어났으나, 백성들이 농사짓고 살기에는 땅은 메마르고 거칠었다.' 유사 이래 처음 포천현 인구를 기록한 것이 「세종실록지리지」로 1,222명의 주민이 살았다고 되어있고 영조 때 「여지도서」에는 1,477명으로 200여명이 늘었고 1789년 정조 때에 10,398명으로 인구가 조금씩 늘어났다. 1842년에 만든 『경기지 포천현 편』에 인구가 13,131명으로 53년 만에 2,733명이 증가하고 있다. 세종 때 인구가 포천 땅에 1,222명이 살았다면 거의 포천에는 사람 만나기가 어려웠을 정도이다.

해룡산 왕방산 일대에서 세종께서 군사훈련을 하고 잠을 잔 곳이 영평의 매장원(每場院)이나 굴동(堀洞)이라고 왕조실록에 30여 회가 기록되고 있지만 이 지명들을 알 수가 없다. 임금이 포천, 영평에 와서 군사훈련이나 사냥을 하고 취침까지 한 곳이 설화로도 전설로도 비슷한 지명으로도 남아있지 않는다면 왕방산에서 영평까지 별로 사람이 살지 않았을 것이란 추측을 하게 한다. 당시 군사훈련장소로 비밀에 부치고 보안을 유지했을 것이다. 감히 민간, 촌로들이 수군거리지도 못했을 것이다.

이런 역사적인 지역들이 역사에 묻혀버린 이유를 상상해볼 수 있을 것이다. 이 고장에 사람이 많이 살지 않았기 때문이고 비록 살았다 하더라도 오래 살지 못하고 이사 갔을 것이다.

호병골 이야기

포천의 호병골은 조선 초기 특히 세종 때에 세종께서 수백 수천의 군사를 동원하여 사냥을 하고 군사훈련도 하면서 호병골 어디쯤에선가 군사들이랑 점심도 먹으면서 휴식도 취한 곳이 아니었을까?

취사장을 만들어 2천여 명의 군사에게 따뜻한 점심을 먹였을까? 아니면 각자 준비해온 주먹밥이라도 앉아서 맛있게 먹었을까? 이 모든 일들이 호병골 어디쯤에서인가 이루어졌을 것이다. 이러한 기록으로 보아 호병골은 조선조 개국과 태조의 비(妃)와 빈(嬪)이 살던 곳이고 세종대왕 때 특히 세종대왕의 역사가 숨 쉬는 곳임을 아무도 부인하지 못할 것이다.

우리 마을에서는 금년부터 새 역사를 쓰기로 했다. 일주일에 한 번씩 마을 사람들이 회관에 모여 호병골에 대한 새 역사를 찾아 쓰고 있다. 내용인즉, 2016년 평생학습마을 공동체 지원사업의 일환으로 신읍 4통(호병골) 학습마을이 운영이다. 금년 3월 21일부터 11월 22일까지 총 26차시 72시간으로 대진대 평생교육원과 포천시가 주최한다.

가요교실 등 예능 프로는 학습의욕을 고취하고자 짜여 졌지만 '마을해설', '역사 속의 호병골', '마을의 숨은 이야기', '시나리오' 구성 등 일련의 학습활동은 이 마을의 정체성을 찾고 호병골의 새 역사를 일궈 역사가 깃든 우리고장을 널리 홍보하고 이를 통해 「마을경제」를 일으키는 계기를 만들고자 한다.

지금 우리나라의 자연부락은 인구감소와 지역사회 콘텐츠 부재로 스러져가는 위기에 처해있다. 포천은 경기도 31개 시·군중에서 인구 감소지역이 되고 있어 위기의식을 갖고 대비해야 한다. 자연부락마다 삶의 콘텐츠를 찾아야 한다. 왕방산 호병골이 새 역사를 만들고, 으뜸마을로 다시 태어나기를 희망한다. 거기에 우리고장과 세종의 묻힌 역사를 다시 끄집어내어 꽃피우게 해야 한다.

이성계와 포천

태조(이성계)

출생 : 1335~1408(73세)

재위 : 1392(62세)~1398(68세)

가계 : 영흥출신 본관 전주 초명 성계

이자춘의 둘째 아들

왕비 : 한경민(밀직부사) 딸 신의왕후

계비 : 강윤성(판삼사사) 딸 신덕왕후

공적

○ 1356(21세) 유인우가 쌍성총관부를 공격할 때 원나라 세력의 추방에 공을 세움.

○ 1361(26세) 반란을 일으킨 박의(朴儀)를 토벌.

○ 홍건족의 침입으로 개경이 함락되자 이듬해(1362) 사병(私兵) 2000명을 거느리고 수도 탈환작전에 참가하여 비로소 중앙 정치에 두각을 나타냄.

○ 원나라 자우 나하루가 홍원(洪原) 방면으로 침입하자 이를 격

파함.

○ 1364(29세) 최유 등의 반란을 최영과 같이 격파하고 여진의 삼선, 삼개 등의 격퇴로 공을 세움.

○ 1377(42세) 경상도, 전라도 지리산 일대에 침범한 왜구를 격파함.

승진

○ 아버지의 벼슬을 이어 금오위 상장군 동북면 상만호가 됨.

○ 1368(33세) 동북면 지문하성사에 임명.

○ 1372(42세) 회령 부윤이 되다.

○ 1380(45세) 수문하 시중에 오르다. 최영과 맞서는 권력자가 됨.

태조와 포천과의 관계

○ 재벽동(신의왕후의 전장(田莊)) : 포천현 소재
철현(신덕왕후의 전장(田莊)) : 포천현 소재

○ 포천은 사냥터 및 강무장
세종 : 65회
태종 : 10회

○ 이들이 머물거나 유숙했던 곳 : 매장원, 매장평(每場), 굴동

○ 포천추위 : 세종 때

진눈개비가 내리자 영평현 보자안으로 몰이꾼이 이미 출발하였고 대가(임금이 타는 가마) 포천의 매장원에 이르러 머무르자 몹시 한냉하여 사망자 26명, 말 69필, 소 1두 죽었다.

○ 세종실록지리지 포천현 란에

포천현 : 호수 371호 인구수 1222명

○ 포천에서 임금과 황실 등에 관련 있는 지명

궁말, 용상골, 부인터

궁말 : 계비 강씨가 머물던 곳으로 추정

용상골 : 이성계가 잠자고 간 곳으로 추정

부인터 : 이성계 주위의 궁녀 등이 머문 곳으로 추정

○ 조선조의 국시(이념)

1. 사대교린(事大交隣)
2. 숭유억불(崇儒抑佛)
3. 농본장려(農本奬勵)

○ 1394년 조선의 수도를 서울로 옮김.

태조 재위 2년이 되고 개경에서 서울로 천도

○ 태종실록에서 보이는 태조와 포천

기록 : 신의왕후는 포천의 재벽동의 전장에 있고 강비는 포천의

철현의 전장에 있었는데 전하(태종)가 전리정랑(典理正郞)이 되어 서울에 있으면서 변고가 발생했다는 말을 듣고 사제에 들어가지 않고 곧 말을 달려 포천에 이르니 간사(幹事)하는 노부들이 이미 다 흩어져 도망하였다. 전하는 왕후(어머니)와 강비(康妃)를 모시고 동북면을 향해가면서 말을 탈 때든지 말에서 내릴 때든지 전하께서 모두 친히 부축해주고 스스로 허리춤에 불에 익힌 음식을 싸가지고 가 봉양하였다. 경신공주(慶愼公主), 경선공주(慶善公主), 무안군(撫安君), 소도군(昭悼君)이 모두 나이 어렸으니 또한 따라 왔으므로 전하께서 자기가 알아서 말에 태우고 길이 험하고 깊은 곳에는 전하가 또한 말을 이끌기도 하였다.

가는 길이 매우 험하고 양식이 모자라서 길가 민가에서 밥을 얻어먹었다. 철원관(鐵原關)을 지나다가 관리들이 잡고자 한다는 말을 듣고는 밤을 이용하여 몰래 가면서 감히 남의 집에 들어가지 못하고 들판에 유숙하였다. 이천(伊川)의 한충(韓忠) 집에 이르러서 가까운 마을의 장정 100여 명을 모아 항오(行伍)를 나누어 변고를 대비하면서 말하기를 '최영은 길을 잘 알지 못하는 사람이니 반드시 능히 나를 뒤쫓지는 못할 것이다. 비록 오더라도 나는 두려워하지 않을 것이다.'고 하였다. 7일 동안을 머물다가 일이 안정된 것을 듣고 돌아왔다. 처음에 최영이 명을 내려 정벌에 나간 여러 장수들의 처자를 가두고자 하였으나 조금 후에 일이 급박하여 시행하지 못했다.

- 요동 공략에 나선 장수의 가족을 볼모로 삼으려 하자 태종이 포천의 가족을 피신시키다. -

5부
사약을 받아라

사약(賜藥)을 받아라

옛날에는 '충(忠)'으로 나라를 다스렸다. 임금님 말씀에 만백성(百姓)이 복종하므로 일사불란한 통치가 가능했다. 삼국시대 조선조 500년 동안 왕권 정치의 근간을 이룬 지주는 충(忠)이었다. 거역이나 불충(不忠)은 곧 죽음이었다. 충(忠)은 임금님께 향하는 백성(百姓)된 자의 도리였고, 그래서 충(忠)은 절대적 가치로 왕조를 지탱해 온 정치형태였다. 임금 가까이 신료들이 상소권을 행사하며 그릇된 정치를 바로 잡고자 시도하고 죽음을 무릎 쓴 항변으로 임금의 뜻을 바꾸려고 해도 최후의 결단은 임금이 쥐고 있었다.

"전하 죽여주시옵소서!"

신하(臣下)는 생명(生命)을 걸고 간청하고 뜻을 굽히지 않았다. 죽이기가 뭣해서 귀양살이를 보내면 그뿐이지만 임금의 노여움이 가시지 않을 때는 얼마 있다가 사약(賜藥)을 내려 보내 아주 없애버린다. 이 죽음을 맞는 신하(臣下)가 하는 한결같은 말이 있다. 약사발을 마시기 전에 임금 계신 곳을 향해 큰 절을 올리고

"전하! 만수무강 하옵소서!"

자신의 생명(生命)을 빼앗는 임금에게 거역하거나 반역하는 것이 아니라 깨끗이 수용하는 것이다. 만일 이 자리에서 거역하고 약사

발을 집어던진다면 어찌 되겠는가? 삼대가 멸하고 가문의 문을 닫게 될 것이다.

충(忠)이 사라진 현대는 무엇으로 사회가 유지 존속되는가.

현대국가는 법치국가이다. 국민이 법을 만들어 지킴으로 국가는 존재한다. 법치국가에서 법을 지키지 않는다면 국가는 존속할 수 없다. 무질서, 약탈, 싸움 등 한시도 나라가 존속할 수 없다. 옛날 임금에 대한 충성은 오늘날은 모국을 향한 애국이요, 이 애국은 법을 지키는데서 출발한다. 배려하는 일, 더불어 사는 일, 봉사하는 일 등은 민주사회에서 없어서 안 될 또 다른 가치로움이다. 그런데 지금 이 법을 우습게 아는 풍조가 만연되어 있어 걱정이다.

법을 잘 지키도록 경고하고 적발하고 벌을 주는 기관도 손을 놓고 있는 것 같아 안타깝다. 소환장을 몇 번씩이나 발부해도 조사에 응하지 않고 오히려 힘으로 그 집행을 방해하며 공권력을 우습게 아는 풍조다. 걸핏하면 불법이 정의인양 힘으로 밀어 붙이고 집단 이기주의로 자기네 철밥통을 무법적으로 지킨다.

국민의 세금으로 운영되는 수많은 국영업체는 나라 빚을 수십억씩 짊어지고도 직원 봉급을 1년에 200%씩 올리고 각종 수당을 만들어 나눠먹으며 심지어 직원의 조상 제사에 특별휴가도 주고 수당도 주는 등 노동조합의 이름을 걸고 결탁해서 빼먹는 건지 한심한 작태가 비일비재하고 파업으로 인해전술로 회사를 흔들어 이익을 챙기고 회사가 망하든 나라가 망하든 자기네 이익만을 우선하는 이기주의 작태 등 지금 우리나라는 총체적 위기에 처해 있다. 사정기관은 무엇하고 있는지 개인의 가벼운 죄질은 엄히 다스리고, 집단

불법은 방관하고 있는 것은 아닌지 국민이 쥐어준 칼은 어디에 쓰려고 놔두고 있는 것은 아닌지……'

추상같은 옛날의 임금이 그립다. 그리고 죽음을 무릅쓰고 간하며 사회 정의를 구현하고자 했던 조상들이 그립다.

만남의 미학(美學)

사람은 태어나면서부터 만남과 만남으로 살다가 죽는다.

최초의 만남인 어머니, 아버지, 형제, 사촌 팔촌, 일가친척으로 범위가 넓어지며, 장가 시집가면 처가댁, 시집식구와의 만남도 이루어진다. 유치원, 학교를 다니며 만나는 친구와 선배, 후배, 직장이나 일터에서 만나는 동료와 상하관계 등 많은 만남으로 살게 된다. 어떻게 만났든 만남은 인생의 운명이다.

'옷깃만 스쳐도 인연'이라지만 만남에는 좋은 만남도 있고 나쁜 만남도 있다. 천륜(天倫)으로 맺는 부모 자식지간에도 자식이 부모를 살해하는 끔찍한 사건도 이 사회에 일어나고 있다. 병든 부모를 지게에 짊어지고 내다 버렸다는 고려장의 전설이 왜 지금이라고 없을까? 늙은 부모 학대하고 버리는 불륜의 자식들이 지금도 얼마든지 존재한다.

인륜으로 만나 결혼한 네 쌍의 부부 중 10년 안에 헤어지는 부부가 2쌍이나 된다니 이런 어이없는 헤어짐도 실제 내 주위에 존재한다. 부부가 살다가 싫어서 헤어지는 것쯤 이해해 보지만 그들이 남긴 자식들은 성장하며 불행하게 사는 모습을 내 이웃에서 보게 된다. 만남의 시작은 좋았는데 만남의 끝이 좋지 않았다.

옛날에는 만남의 중요성을 알고 이에 따르는 삼강오륜(三綱五倫)을 만들어 윤리로 삼으며 좋은 만남으로 이어가기를 가르쳤다. 군신(君臣)간의 군신유의(君臣有義), 부자(父子)간의 부자유친(父子有親), 부부(夫婦) 간의 부부유별(夫婦有別), 친구(親舊) 간의 붕우유신(朋友有信), 상하(上下) 간에 장유유서(長幼有序)는 만남을 아름답고 좋은 만남으로, 사람이 할 도리를 가르치고 있다.

이 오륜이야 말로 각층의 만남에서 지켜야하는 도덕이며 실천윤리인 것이다. 이 윤리가 지켜져왔고 이윤리가 지켜지므로 인간이 행복해지고 평화로워 진다고 믿어왔다. 하지만 오늘날에 와서는 이 가치 있던 윤리도 퇴색해지고 무너졌다. 또 옛날 우리네 학문하는 조상들은 유교의 공, 맹, 노자와의 만남을 중시하는 삶을 살았다. 향교(鄕校)나 서원(書院), 사당(祠堂)에는 제일 윗자리에 이들을 뫼시고 받들면서 학문으로 만남을 가졌다. 비록 너무도 멀리, 보지도 못한 사람과의 만남이라도 인간간의 만남보다도 더 신중한 삶의 가치로 여겼다.

하지만 유교는 죽은 후의 천당올 말하지 않았다. 사람이 도리를 지키며 살다가 죽으면 그뿐으로 여겼다. 죽어서 땅에 묻히면 내 자식과 손자들이 한 백년간(5대) 무덤의 상석 위에 술잔을 올리며 기억해 줄 것이다. 그것으로 족할 뿐 영혼 불멸설이나 천당을 믿지 않았다. 유교가 종교가 아닌 이유가 되었다.

우리의 만남이 이생의 만남이라면 저승이 만남도 있다고 믿는 것이 종교의 세계다. 불교는 인간세계(人間世界)의 윤리성을 믿고 극락왕생의 내세(來世)를 믿는다. 기독교 천주교도 거기 들어가기 어렵다는 천당(天堂)을 믿는 내세관(來世觀)을 믿는다. 이 또한 살아 있지 않은 예수나 석가모니와의 만남에서 이루어진다. 영생(永生)을 믿는 사람은 후생(後生)에서의 만남을 중시하며, 이생에서의 만남은 영생을 향해 스쳐가는 인연으로 생각한다.

회자정리(會者定離)!

만남에는 이별이 있다고 하였다. 어떤 만남이라도 헤어짐이 있게 마련이다. 우리의 소중한 만남이 끝나기 전에 소중한 만남을 즐겨보자.

'칸트'는 '늙고 병드니 애인이나 재물보다 친구가 먼저 사라진다.'고 했든가, 한 해를 보내면서 묻혀있던 친구의 휴대폰 전화번호를 찾아 생생한 목소리라도 만나보자!

보수꼴통

나 자신의 사고나 행동은 보수에 가깝다. 옛것을 존중하고 선뜻 버리지 못한다. 이에 그치지 않고 변화의 조짐이 없거나 집착할 때 흔히 수구꼴통, 보수꼴통이라고 폄훼한다. 어느 사이 나이를 먹고 오래 동안 살다보니 자신도 모르게 보수가 되어버렸다. 왜일까?

그도 그럴 것이 어려서 부모에게 배우는 가정교육과 초, 중, 고 학교교육을 통해서 터득한 지식을 실천하며 살아온 것이 전부인데 말이다. '거짓말 하지 말아라.' '욕하지 말아라.' '싸우지 말아라.' 등 하지 말라는 교육과 '인사 잘해라.' '고운 말 써라.' '정직해라.' 등 잘하라는 교육을 주입식 교육으로 세뇌되고 가르침대로 살려고 노력해왔다.

공자의 「논어」나 노자의 「도덕경」에는 인간이 태어나서 살며 죽을 때까지 익혀야 할 도리를 가르치고, 부모를 섬기며 나라에 충성하고, 삼강오륜을 가르쳐 인간관계를 어떻게 맺어야 하는가에 대해 실천하라고 일렀다. 이런 충효나 삼강오륜은 인간의 중심 가치이고 유교의 실천윤리로 자리 잡아 이어졌고 한국인의 모습으로 또 보수주의자의 모습으로 전래되었다.

국가적으로 볼 때 해방이니 독립이니, 6·25전쟁을 겪으며 격랑의 시대를 넘기고 가정이란 삶의 보금자리를 지키려고 반항 할 줄 모르고 쿠데타를 일으킨 대통령에게도 충성하며 살았다. 살기 위하여 하고 싶은 말 참고, 먹고 살아남기 위해 악법이라도 지키며 산 세대가 바로 보수층이다.

일정시대에는 부역하고 일장기 밑에서 충성맹세를 한 것도 살기 위해서 어쩔 수 없었다 한다. 6·25전란, 적의 치하에서는 머슴살이 하던 사람이 인민위원장 완장을 차고 자신이 섬겨왔던 주인을 잡아다가 족치는 모습도 보았다. 이러한 시대를 살면서 무엇이 가치관이고 어디에 줄을 대고 서야 하는지 헷갈리게 되었다.

보수는 나라를 지켜온 세대다. 일제 때는 나라를 찾으려고 독립운동을 하며 일신의 영달을 포기한 애국자가 있었으며, 6·25 때는 나라를 지키려고 숱한 젊은이가 공산주의와 싸우다 죽어갔다. 지금은 더 치열해지고 있다. 이런 희생 위에 국가는 지켜졌고 오늘의 살아남은 자가 이들을 보수라 질시하고 제거해야할 구악이라 몰아붙인다.

'온고이지신(溫故而知新)'

세상은 너무 빠르게 변해가고 있다. 한눈팔다간 뒤처지게 되고 보수골통 소리를 듣게 된다. 보수층은 변화하는 세상에 빠르게 대처하지 못한다. 한 가족 5명이 모두 다른 종교를 믿고 있다. 아버지가 돌아가셨는데 목탁을 두드리며 독경을 하는 가족이 있고, 십자가를 걸고 찬송을 하며 미사를 올리기도 한다. '현고학생부군 신위'라는 지방을 걸고 큰 절로 '에고'를 하며 곡을 하기도 한다. 한밤중에 지내던 제사도 가족의 편리한 시간으로 바꾸고 3년 상도 사라졌다. 관혼상제의 제반형식과 전통은 사라지거나 시대에 맞게 변했다.

지금 중동에서는 같은 교파끼리 제반형식과 전통이 서로 다르다고 무차별 종교전쟁으로 살상하고 있다. 종교전쟁으로 죽은 사람이 교통사고나 어떤 재난으로 죽은 사람보다 더 많다고 한다. 이념이나 종교는 무섭다. 생각이 다르다고 서로 전쟁하는 시대에 산다.

유교는 벌써 오래전에 이런 변화를 예측했을까? 온고이지신(溫故而知新)하라고 했다. 옛 가치를 '새롭고 좋게 변화시켜나가라.'고 가르친다. 더 이상 보수꼴통이란 수모적인 비난을 받기 전에 '온고이지신'의 변화에 대해서도 적극적으로 사고하고 변화해 나가야 할 것이다.

"변화하는 자만이 살아남는다."고 했다.

액(厄)땜과 미신(迷信)

액땜이란 재앙 액(厄)자에 땜질한다는 순 우리말 '땜'의 합성어다. 쉽게 말하면 작은 재앙을 막는다는 의미이다.

일생을 살아가면서 사람은 누구에게나 몇 번의 죽을 고비와 위기를 넘기지만 이때마다 이 불행을 넘기면서 '용꿈 꿨다'고 하고, '천우신조'라고도 하고, '액땜'했다고 하며 가슴을 쓸어내리기도 한다. 이 액땜은 우리의 원시신앙과도 깊은 관련이 있다. 인간이 무한 약하기 때문이다.

'우루룽 꽝꽝' 천둥 번개라도 치면 두려움을 느끼게 되고, '쓰나미'라도 일어나 모든 것을 쓸어갈 때 무서움을 느끼는 것이 인간이다. 인간이 무섭고 두렵다고 느껴질 때 신앙을 찾고 믿음을 갈구하게 된다. 원시신앙의 시작이기도 하다. 어디에나 존재하고 내 마음속의 믿음을 만들어 재앙을 피하고 신의 도움을 빌어 안녕을 얻고자 함이었다. 가정에서는 큰 걱정이 생기면 무당을 찾거나 점쟁이를 찾고, 이들로부터 자신의 나쁜 운을 피해가려고 한다. 이때 굿판을 벌여 악귀를 쫓고 부적을 받아 이 불운을 벗어나려 액땜을 하게 된다. 잘되면 다행이고, 잘못되어도 별 수 없다고 믿게 되는 것이 미신적이다.

조선왕조 500년은 민속신앙의 시대였다고 해도 과언이 아니다. 나라에 흉년이 들면 나라님도 기우제를 지내라고 명하고, 임금 스스로도 기우제를 올리고 자신의 덕 없음을 탓하며, 죄수를 풀어주게 하고, 한 끼를 굶거나 검소한 상차림으로 백성들의 원성을 헤아렸다. 어쩌다 비가 내리면 하늘의 뜻과 백성의 소원이 소통되었다고 믿었다.

일반 백성들의 가정에서도 민간신앙은 신흥종교가 들어오기 전까지는 우리의 신앙으로 자리 잡았다. 조선 왕조의 3대 국시(國是) 중 숭유억불(崇儒抑佛) 정책은 민간신앙을 더욱 부추기고 유교문화가 융성하게 되지만 무당 점쟁이나 지관이 발호하고 관상 사주쟁이가 민간신앙을 이끌어왔다. 이들은 하나같이 길흉을 예언하고 바르고 그런 것을 지적하여 어떤 방법으로든지 액땜을 해왔다

우리 집에서도 나와 같이 살았던 할머니는 나를 장손이라 하여 끔찍이 사랑해 주신 분으로 열 살 넘게까지 할머니 품에서 잠들었다. 할머니는 민간신앙을 신봉했던 분이셨다. 어디서 들었거나 배워서 알고는 있었겠지만 열심히 믿으셨다. 안방구석 한쪽으로 신주단지를 언제나 매달아 놓고 작은 뒤란에는 돌을 모아 단을 만들고 반듯한 돌 위에는 항상 정한수(靜閑水) 한 대접이 놓여있었다. 할머니는 새벽이나 때도 없이 정한수 앞에서 무엇이라 중얼거리며 손바닥을 모아 빌었다. 소자가 넘어진 돌이 있다면 그 돌을 찾아가서 중얼거리며 저주를 퍼부었다.

매년 고사떡을 만들어 신령께 빌며, 가정의 평안과 온 가족의 건강과 안녕을 빌었다. 부모와 우리 손자들은 할머니가 시키는 대로

두 손을 모으고 절을 하였다. 할머니는 보이지 않는 신에 대하여 두려움을 갖도록 교육시켰다. 우리가 지금 편히 지내는 것도 모두 신의 은총이라 하셨고 작은 불행도 액땜을 하기 위해 신이 내린 은총이니 겸허히 받아드리라고 가르쳤다. 그 시절 할머니의 영향력은 대단한 것이었고, 주머니에 넣어주신 할머니의 '부적'은 나를 보호하는 믿음으로 어두운 밤에도 용기 있게 다녔고 나만 보면 쪼아대던 옆집 수탉도 겁나지 않았다.

어느 날 내 동생의 뜻에 따라 안양 선산에 있던 조부모의 묘를, 새로 마련한 강화의 선산으로 이장하였다. 이장한지 불과 10년도 안 되어서 우리 집안에 잘되는 일이 별로 없었다. 선산을 마련한 동생은 5년 안에 타계하고, 또 한 동생은 정신적 불구자가 되었고, 나는 세 번이나 죽을 고비를 넘기게 되었다. 모두 묫자리 때문이라고 했다. 묘를 잘못 썼다는 것이다. 나는 다시 4구의 산소를 파헤치고 유골들을 납골당에 모셨다. 그랬더니 이러쿵저러쿵 헛소리가 사라졌다.

산소자리가 뭔데? 미신이 발붙이지 못하게 흔적을 없앴더니 군소리가 없어졌다. 액땜을 하였다고 믿고 싶다. 그 자체가 미신이란 것을 알면서도.

술과 인생

어제 술을 마셨는데 오늘도 술을 마셨다면 좋게 말하면 애주가라 하겠지만, 내일도 또 마신다면 '술꾼' 쯤으로 대우받을 것이다. 술은 이미 우리네 생활 속에 깊이 파고 들어와 있다.

어느 노인이 술을 너무 좋아하여 죽기 전에 음식을 전폐하고, 술로만 지내다가 저 세상으로 떠났다는 이야기를 심심치 않게 들어왔다. 술은 우리 인류역사와 그 시작을 같이 한다고 할 수 있다. 이 세상에 술이 없었다면 얼마나 무미건조(無味乾燥)했을까 싶다. 술은 발효식품이다. 인류가 과일을 따 먹고 곡식 농사를 짓고, 바닷물고기를 잡아먹으면서 술도 만들어졌다. 과일이 썩고 음식이 썩고, 생선이 썩어야 술이 되고 식혜가 되고 간장, 된장이 된다.

신에게 바칠 제물로 술이 필요했고, 군사들을 통솔할 때 술이 필요했다. 특히 유교문화에서 술은 생활 속에 깊이 침투했다. 관혼상제(冠婚喪祭)의 의식(儀式)에서 술은 절대 필요한 식품이고, 이 의식에 참여한 하객들을 위한 사례식품이기도 하다. 술은 세계적인 것이다. 각 나라마다 자국만의 전통주(傳統酒)를 만들어 술 산업을 발전시키고 있다. 중국의 배갈이나 일본의 정종은 이 나라의 브랜드다. 프랑스의 꼬냑, 서구의 위스키, 포도주는 수백 년의 전통을 가지고 있다. 한국의 막걸리, 약주, 소주도 우리의 대중주(大衆酒)로 세계화 되어가고 있다.

전에는 비교적 술값이 싼 맛에 막걸리나 소주만 마시다가 요즈음은 도수 높은 위스키, 배갈에서 부터 맥주, 포도주에 여성음주인구까지 가세하면서 목하 술집은 대낮부터 만원이다. 한 잔 술로 시름을 잊자던 것이 요즘은 스트레스를 풀기 위해 마시게 된다.

술 잘 마시는 사람에 대한 존칭이 있다. 주신(酒神), 주귀(酒鬼), 주선(酒仙)이 그것이다. 술 잘 마시고 술 마시는 태도, 술 마신 끝의 마무리까지 본받아야 할 사람에게 붙여준 이름이다. 술의 양(量)만 가지고 평가한 느낌이 없지 않다. 하기야 술에도 도수(度數)가 있지 않은가? 요즘은 15도~16도 소주도 양산되고 있다. 첫 술이 냠냠하다 취해오는 속도도 알맞게 만들었다. 이 도수 낮은 소주는 술을 배우는 사람에게 접하기 용이하고, 술 잘 마시는 사람에게도 옛 술과 비교하여 심심하기 때문에 얕잡아보며 마시게 된다.

'술은 잘 마셔야 본전.'이라고 한다. 술 마시는 사람에게 쏟아지는 비난도 많다. '술 먹은 개'가 그 것이다. 술이 사람을 변모시키기 때문이다. 좋게 변화하는 것이 아니라 나쁘게 변했을 때 그러하다. 점잖은 사람끼리 술은 시작되고 취기가 돌면서 조금씩 사람들은 변해가다 결국 싸움으로 큰소리치다가 낯을 붉히며 헤어지게 된다. 이러한 술좌석은 아니함만 못하다.

술 마시는데도 엄격한 주도(酒道)가 있게 마련인데 자신의 주장만 하면서 상대를 이해하지 않은데서 큰소리가 나고 다툼이 생긴다. 이러한 일은 같은 나이또래의 친한 사이에서 자주 일어난다.

'술은 어른한테 배워야 한다.'는 속담이 있다. 어른 앞에서는 말을 함부로 하는 것을 삼가기 때문이다. 술좌석의 기본은 술 주고받기다. 두 손으로 잔을 건네고 두 손으로 받아야 한다. 술을 따를 때도 한 손으로 주전자를 잡고 다른 한 손으로 주전자를 받치는 듯 나의 '낮춤'의 자세를 보여야 한다. 술좌석에서 기본은 어른 앞에서 술을 마실 때 약간 머리를 돌리고 마시는데 이 또한 어른에 대한 존경의 생각을 나를 낮춤으로 보여주는 것이다. 친구들끼리는 이런 격식이 무시되는 경우가 일반적인데 그런 술자리에서 술을 마시다 보면 자신도 모르게 기본주법을 지키지 못하게 된다. 술잔도 오른손으로 보내고 오른손으로 받아야 하며 술도 오른손으로 따라야 한다. 형식을 익히므로 실질적으로 좋은 술 마시는 습관을 기르는 것도 술을 즐겁게 마실 수 있는 한 주법의 기본이 되는 것이다. 사람에 따라 술 마시는 모양도 다르고 취하면서 나타나는 반응도 여러 가지이다. 사람이 술을 만들고 그 술을 사람이 마시면서 좋은 술자리를 우리가 만들어나가야 할 것이다.

이석구의 酒醉20傑(주취 20걸)을 소개한다.

술과 인간모습

(1) 점점 즐거워진다.(樂樂酒)

(2) 우울해진다.(孤獨酒)

(3) 입을 다문다.(緘口酒)

(4) 내 주장만 한다.(獨斷酒)

(5) 열변을 토한다.(氣高萬丈酒)

(6) 제 정신을 잃는다.(忘却酒)

(7) 운다.(落涙酒)

(8) 노래한다.(唱歌酒)

(9) 잠잔다.(就寢酒)

(10) 시비를 걸어야 직성이 풀린다.(깡패酒)

(11) 끝까지 버틴다.(斗酒不辭酒)

(12) 여자를 만진다.(더듬이酒)

(13) 여자를 안주 삼는다.(色酒)

(14) 얼굴이 빨개진다.(紅紬)

(15) 얼굴이 노래진다.(黃疸酒)

(16) 얼굴이 검어진다.(깜쟁이酒)

(17) 뱃속이 찌르르한다.(彈琴酒)

(18) 혼자 중얼거린다.(念佛酒)

(19) 쓰러진다.(洛成酒)

(20) 도망간다.(빵소니酒)

인생(人生)의 운(運)

사람이 살아가는 동안 의외의 행운(幸運)을 만나게 될 때 운(運)이 좋았다고 한다. 생각지도 않았는데 횡재(橫財)하고 앓던 병(病)이 갑자기 쾌차하게 된다거나 예측 못한 결과(結果)가 좋았을 때 운이 따랐다고 한다.

반대 경우도 있다. 의외로 어떤 일의 결과가 나빠졌을 때 불운(不運)하다거나 운이 나빴다고 한다. 지난 동계올림픽의 일만 미터 빙속(氷速) 경기에서 실력이 좋았는데도 실격(失格)으로 금메달을 놓친 네덜란드의 '크라머' 선수는 불운했고 반면에 우리나라 이승훈 선수가 은메달에서 금메달을 따게 된 행운의 例가 그 것이다.

인간의 행, 불행은 엽전의 양면 같아서 내가 그 엽전을 던진 것도 아닌데 결과는 앞면과 뒷면으로 나오게 마련이다. 자신의 의지나 원인에 관계없이 결과를 놓고 말하는 것이 행, 불행이다. 세상은 우주의 법칙대로 변함없이 돌고 도는 것 같은데 지진이 일어나고 쓰나미가 밀려와서 사람을 불행하게 한다. 개인사(個人史)나 자연에는 항상 변수가 있고 돌연변이도 있게 마련이다. 누구도 아무도 이렇게 찾아오는 재난과 변수를 예측하지 못하게 된다.

운칠기삼(運七技三)이란 말이 노름방에서 쓰인다. 운이 따라야지

기술이 아무리 좋아도 운(運)만 같지 못하다는 말이다. 놀음판에서처럼 행, 불행의 운명이 극명하게 드러나는 예가 없다. 결과적으로 얻은 자와 잃은 자로 나뉘게 된다. 행운을 잡으려고 그곳에 간다. 하지만 행운의 여신(女神)이 항상 돕는 것은 아니다. 불운의 악마(惡魔)도 도사리고 있는 것이다.

칠전팔기(七顚八起)도 있다. 일곱 번의 불운을 딛고 여덟 번째의 행운을 얻는다는 뜻이다.

나라에도 행, 불행의 역사는 반복된다. 나라의 운을 국운(國運)이라 하는데 한국의 역사에는 행, 불행이 많이 존재해 왔다. 단군이 나라를 세운, 이래 900여 회에 달하는 국난(國難)이 있었다고 한다. 이 불운의 상처를 가지며 끈질긴 역사를 꾸려왔다.

대조영의 발해라는 나라가 230년을 번성하다가 역사 속으로 사라진 것은 큰 불운이다. 병자호란 때는 인조(仁祖)왕이 청 태종에게 머리를 땅에 박으며 항복했던 불운도 있고, 임진왜란이나 한일합방, 6·25전쟁 같은 불운의 역사는 계속되어 왔다. 하지만 불운만 있었던 것은 아니다. 을지문덕 장군의 살수대첩승리, 김유신의 삼국통일, 독립운동과 해방, 대한민국의 수립, 선진국으로 진입, 지난 동계 올림픽에서의 우리 국민에게 일체감을 준 행복 등 5000년의 역사를 지탱해온 저력(底力)은 행운의 힘이 있었기 때문이다.

운(運)의 도착점은 운명(運命)이다. 크고 작은 운이 인생을 만들고 한 인생의 모습을 결정한다. 우리는 이 운이란 불가항력(不可抗力)에서 벗어나지 못한다. 운명론자들은 운은 어쩔 수 없는 인간의 것이라고 믿는다. 사람은 살면서 많은 시련과 고통을 받게 되고 대결해야 하는 때가 많이 존재한다. 이때마다 '나는 못해!', '나는 운이 없어!'라고 비관적인 생각으로 용기를 잃고 포기하며 절망하는 때가 많다. 해보지도 않고 생각해보지도 않고 불운으로 돌리는 것은 금물이다. '운명에 도전'이니 '운명의 개척'이니 하는 것은 스스로를 운명에 옭아매고 비관하지 말라는 경구(警句)이다. 원인이야 어떠하든 삶의 과정을 중시해야 한다. 그 결과는 운에 맡길 일이다.

호랑이를 잡으려고 그 굴에 들어간다면 그것은 용기다. 스스로 운명을 바꾸려는 시도다. 삶의 용기가 없다면 운(運)도 따르지 않을 것이다.

詩人과 元 大領

어느 날 원 대령은 육군 대령이란 그렇게 화려하지도 미흡하지도 않은 계급을 내려놓고 포천의 문학계에 얼굴을 내밀었습니다. 스스로 '군발이'라고 겸손해하면서도 대단한 열정으로 다가왔습니다. 제대한지 15년이 넘었고 그의 나이 70이 넘어서였습니다. 그는 문학의 초보자이며 시를 쓰고 싶다고 하였습니다. 이 고장의 시인들이 모여 있는 예총이 문인협회와 예술인동우회 문학분과였으니, 글쟁이(문우)들과 교우(交友)하기 시작했습니다. 문우들의 문예지에 작품 활동을 시작하면서 문예대학을 나왔고 예우회 문학분과의 자작시낭송 월례회에 빠짐없이 참여하고 문학서적을 가까이 했습니다.

문학을 시작한 지 2년도 안 된 어느 날 그는 '스토리문학'의 신인상의 추천을 받아 시인의 면허증을 받고 늦깎이 시인이 되었습니다. 그의 작품은 날로 일취월장해 나갔습니다. 그는 다시 1년을 정진하여 이번에는 '어울마당'이란 시집을 발간하며 우리를 또 한 번 놀라게 하였습니다. 대령이란 일생의 이름 위에 '시인'이란 형용사 하나를 추가하였습니다. 대령에서 시인이 되었습니다. 대령과 시인하면 서로가 멀리 있어 보입니다. 군인하면 우리가 느끼는 엄격과 규율 등 딱딱한 '이미지'를 갖지만 시인이면 감성이나 유연 등 부드러운 이미지를 연상하게 됩니다. 35년간이라는 오랜 군대생활, 이곳 5군단에서 연대장으로 제대하기까지 그의 발은 군화 속을 벗어나지 못했을 것입니다. 그가 시를 짓게 되기까지 무슨 사연이라도 있을 것 같습니다.

원 대령은 경상북도 경주가 그의 출생지입니다. 경북중고를 졸업하고 육사 25기생입니다. 소위 TK 출신의 육사 육군대령이면 잘나갈 수도 있었을 것입니다. 풍족한 집안이었지만 아들 귀한 집안의 외아들로 초등학교 4학년 때 어머니를 여의고 중학교 때부터 객지 생활로 외롭게 성장했습니다. 육사 진학을 했고 졸업과 동시에 육군 소위가 되어 월남전에도 참여하는 사이 아버지도 타계하시고 홀로서야 하는 고아가 되었습니다. 집념이 강하고 매사 노력으로 성취하는 성품으로 학교마다 1등을 차지했고 전후방을 이동하여 살아온 군 생활은 그에게 3개의 무공훈장을 안겨주었습니다.

그는 군 생활 중에 좌절과 패배감도 겪게 됩니다. 사관학교 출신 군인에겐 별을 달고 싶은 욕망이 있었을 것입니다. 그에게 이 행운은 빗나가고 패배를 맛보게 하였습니다. 그는 제대 후 5년간이나 절간에 들어가 정좌하였습니다. 5년이란 세월은 인간 원 대령의 인생을 성찰하는 계기가 되었고 詩의 세계에 입문하게 되는 동기를 주었을 것입니다. 여기서 원 대령은 시인으로 변모하는 제2의 인생이 시작되었을 것으로 짐작이 됩니다.

오늘은 원 대령의 시집발간을 축하하는 날입니다. 그의 시 세계는 무궁무진합니다. 원래 시는 30대에 써야 한다고 말하지만 그 이유는 나이 들수록 사고력도 떨어지고 관념으로 흐르기 쉽고 이미지를 만드는데 지지부진하다는 것입니다. 하지만 모든 것은 생각하기 나름일 것입니다. 원 대령은 그가 몸담은 군생활의 동적인 사고와 불타가 가르친 정적인 세계와의 만남에서 그가 섭렵한 고뇌까지 시로서 표출된다면 좋은 시가 쏟아지리라 믿습니다. 그의 시는 이제 시작일 뿐입니다.

'시를 쓰는 원 대령'이라고 타이틀을 지어놓으니 멋있습니다.

우리는 아름답고 멋진 한 인물을 새롭게 발견하게 됩니다. 이 시집은 70평생 노익장으로 살아온 원 대령의 아름다움이나 그리움 같은 것을 여러분과 같이 동행하게 될 것입니다.

감사합니다.

세월호 참사와 총체적 부실(不實)

세월호 참사 소식을 처음 접한 4월 16일, 2개월이 가까워가는 지금까지 행방불명자 11명을 못 찾고 있다. 이 참사로 우리 국민은 매일 같이 온갖 '매스컴'의 구조 현장을 애타게 지켜보며 넋을 잃고 있다. 아직도 이 참사는 끝마무리를 맺지 못하고 있으며 많은 국민에게 세월호 참사 증후군을 앓게 하였다. 지금도 배 안에 갇혀 죽어가는 사람들의 환영이 수시로 눈앞에 어른거려 그간의 입맛도 씁쓰레해졌다.

그리고 화나게 하는 것은 인간의 한계와 무능을 실망하며 자괴감에 빠지게 한다. 인간은 그가 지닌 지혜로 문명을 만들어가면서 아름답고 행복한 세상을 꿈꾸어왔다. 인간이 만든 7천톤이나 된다는 거대한 배가 인간의 행복을 위해 만들어졌지만 이 배에서 수백 명의 생명을 가둬놓고 죽게 하리라고는 생각지 못했을 것이다. 그리고 꽃다운 젊음을 피워보지도 못하고 스러진 학생들에 대한 안타까움이 슬픔을 더했다.

그날 일어났던 참사의 현장은 이랬다.

4월 16일 아침 8시 28분 세월호는 갑자기 좌측으로 15도 급회전을 하면서 일어났다. 이때 물살이 배의 좌현을 밀면서 그 자리에서 왼쪽으로 45도 기울었다. 배의 방향타와 물살로 기울자 당연히 화물의 쏠림이 가세하여 배를 쓰러뜨렸다.

순식간의 일이었다. 배가 45도로 갑자기 기울면 그 배 안의 현장은 어떠했을까, 배가 기울면 배 안의 어디에 있든 사람들은 중심을 잃고 쓰러진다. 사람의 발은 평평한 곳이 아니면 서 있지를 못한다. 몸을 가눌 수 없게 된다. 모든 평면(바닥, 벽, 천장)은 귀퉁이가 되고 평평한 곳은 45도 경사의 미끄럼틀이 되고 위로 가려면 무엇인가 잡지 않고는 스스로 올라갈 수가 없다. 손톱이 까지면서 위로 오르려는 사람들의 안간힘을 쉽게 상상할 수 있다. 이런 상태에서 혹시 '위로 나오라!'고 방송을 했다 하더라도 몇 사람이나 이 위기를 극복할 수 있을지? 순식간에 물이 침투했을 것이며 두려움과 절망감을 느끼면서 아수라장이 되었을 것이다. 움직임이 제한된 상태에서 불가항력을 체득했을 것이고 죽음이 다가왔을 것이다.

소 잃고 외양간을 고치면서 이번 세월호의 참사는 이 사회의 곳곳에 팽배해 있는 부실과 부조리에서 필연적으로 일어나게 된 총체적인 결과라는 것이다. 특정 짓는 어느 집단 누구에게만 책임질 일도 있겠지만 우리 국민 모두가 져야 할 책임이라는 것이다.

우리는 민주주의를 하면서 얻은 것도 많지만 잃은 것도 많다. 민주주의가 유입되고 받아들여지면서 이 땅에 공자가 사라진지 오래되었다. 그의 사상은 조선조 500년을 지탱해온 우리의 중심 사상이었지만 충효(忠孝)니 삼강오륜(三綱五倫)도 무너진 지 오래되었고 인, 의, 예, 지, 신(仁, 義, 禮, 知, 信)의 기본 덕목(德目)조차 얼마나 지켜지고 있는지 돌아볼 일이다. 그래서 '공자가 살아야 나라가 산다.'고 간절하게 도덕국가를 주장한 학자도 있지만 '공자가 죽어야 나라가 산다.'고 공자를 버려야하는 당위성을 강조한 학자도 있다. 두 논쟁은 지금도 지속되고 있다. 안전 불감증도 도덕 불감증에서 연유한다면 도덕을 세우는 일이야말로 시급한 오늘의 과제가 아닌가? 도덕이 실종된 사회에 남는 것이 무엇이겠는가.

우리 사회의 불신과 부조리, 도덕이 무너지면 세월호 참사 같은 사고는 어디에서고 일어날 수 있는 가능성(폭발성)을 품고 있는 것이다. 우리는 이번 참사로 우리 스스로를 되돌아보고 그간 우리가 키워왔던 총체적 부실을 하나하나 제자리에 세우고 도덕 재무장을 해야 한다. 성숙된 시민의식을 찾아야 한다. 세월호 참사는 돌이킬 수 없는 슬픔을 안겨주었지만 이를 계기로 우리가 다시 일어서는 정신개조의 계기가 되었으면 한다. 그것이 가신님들의 평안이 될 것이다.

언어(言語)의 미학(美學)

- 말의 품위

말(言語)은 인간의 의사소통이다. 인간은 언어를 통해 소통하고 문화 발전을 이루었으며 편리한 삶을 누릴 수 있게 되었다.

언어는 인간의 인격이기도 하다. 말함으로서 인간의 됨됨이가 드러난다. 인간이 소통하는 이 언어가 요즈음 잘못 사용되고 잘못 전달되어 말의 품위를 잃게 한다. 검사가 피의자에게 막말로 호통치고, 의사가 환자에게 막말로 품위를 잃게 하고, 국회의원이 청문회에서 참고인에게 험한 말을 쓰며 스스로의 처신을 잃는다. 모두 말을 잘 못해서 창피당하고 지탄받게 되는 것이다.

'대장부일언중천금(大丈夫一言重千金)'이라 하여 말의 품위가 높았고 허튼 말을 경계하며 '중언부언(重言復言)'하지 말라고 하였다. 헤픈 말을 경계하여 '말로서 말 많을까' 조심하라 했고, '침묵은 금이요 웅변은 은'이라고 말보다 침묵의 중요성도 가르친다. 우리는 태어나서 죽을 때까지 말을 배워 익히면서 살다가 죽는다.

병이 들어 말 못하는 환자를 '식물인간'이라 하여 숨 쉬며 생명은 끊이지 않았으나 자신의 의사를 전달하지 못할 때 죽은 인생으로 간주한다. 말을 배우지 못한 아이가 어디가 아픈지, 말은 못하고 계속 울기만 한다면 그 부모의 심정은 바로 애간장이 타들어간다. 아기가 태어나서 말을 배워 쓸 때 이를 음성언어라고 하는데 이를 통해 상호 소통을 시작하게 된다. 이 아이가 학교에 가면 비로소 국어를 통해 문법적 언어를 배우고 쓰게 된다. 국어는 우리글이고 말이기에 모두들 쉬운 걸로 생각하여 배움을 소홀히 하는 경향이 있다. 초등학교부터 고등학교 졸업할 때까지 국어는 정규과목으로 가르친다. 일주일에 다섯 시간부터 7시간까지 햇수로 12년을 배우고 시간수로도 2,000시간 가까이 국어에 파묻혀 살게 된다. 그러면서도 국어에 자신 없어 한다. 국어에는 읽기, 쓰기, 말하기, 듣기, 문학, 문법 등 여섯 개 영역으로 교과서도 한 영역씩 나뉘어져 있다. 이렇게 배워 고등학교 졸업 후에는 상당한 실력을 갖게 될 것 같은데 그렇지가 못한 현실이다.

언어는 음성으로 해서 입 밖으로 튀어나온다. 귀에 전달되는 언어 중에는 필자가 듣기에 일본어는 애교 있고 간사한 느낌이 들고, 독일어는 웅변하기 좋은 언어로, 프랑스어는 혀를 굴려서 나오는 동글동글한 언어 같고, 중국어는 뚱땅 소란스럽고, 영어는 음악적인 감성이 있는 것 같다. 우리 언어는 선비의 언어로 발음이 확실하고 의사소통이 잘 되는 이성적 언어인 것 같다. 외국인들이 우리말 배우기가 어렵다고 하는 것은 우리말은 높임말과 낮춤말이 있고 외국문법과 구조가 다르기 때문일 것이다.

이 언어소통에는 우리네 집에서도 문제가 되고 있다. 지금의 젊은 세대는 우리말 언어보다 외국의 외래어에 더 익숙해져 있고 자신들끼리 통하는 인터넷 언어가 판을 치고 있다. 한 집안에 노인세대, 자식세대, 손자세대가 같이 산다면 1세대 원어민 언어, 2세대

라디오 TV 언어, 3세대는 컴퓨터 전자언어 세대가 같이 살고 있으니 상호 언어소통이 잘 되겠는가. 그리하여 노인 1세대는 대화에 끼어들어 핀잔 받느니 말 안하고 사는 게 편할 때가 많다.

벌써 오래전에 우리나라 한글학자들이 모든 외래어를 우리말로 고치려고 해본 적도 있다. 비행기를 '날틀', 라디오를 '소리틀', 이화여자대학을 '배꽃여자 큰 배움 집' 따위로 그렇게 하게 되면 자동차 한 대에 조립하는 자동차 부품이 1만개나 된다는데 어찌 다 우리말로 바꿀 것인가 쓸데없는 짓일 것이다.

그래도 다행인 것은 세계 28개 나라 500여 대학에서 한국어를 가르치고 세계 43개국 90개 곳에서 한국학당이 세워져있다니 우리의 국력과 관계가 깊을 것이다. 어느 국회의원의 막말, 검사의 막말, 신부의 막말 등 그들이 내뱉는 언어는 상스럽고 구역질이 난다.

이걸 보면 언어는 원래 아름다운 탈을 쓰고 귀하게 태어난 존재인가 보다.

소통(疏通)의 시대

소통(疏通)은 인간의 본래 모습이다. 인간은 태어나면서 죽을 때까지 소통하며 산다. 갓 태어난 아이의 울음소리는 소통의 신호다. 죽으면서 유언을 남기는 것은 최후의 소통일 것이다. 소통은 표정으로 하고 몸짓으로 하고 감각으로도 한다. 인간을 중심으로 소통의 대상은 동물과도 식물과도 행해진다. 인간은 무생물에까지 소통하려 한다,

일전에 어느 비닐하우스에 재배하는 채소에 대하여 주인이 '호스'로 차가운 물을 뿌리자 물이 채소의 잎에 채 닿기도 전에 일제히 오므려지는 모습을 볼 수 있었다. 반면에 물을 따뜻하게 하여 뿌리자 이 식물들은 아주 조용히 기분 좋게 너울대며 물세례를 즐기는 듯했다. 물이 식물과 소통하였다고 생각되었다

소통은 전달 과정을 중시하게 된다. 서로의 소통 방법이 미흡하면 갈등을 빚게 되고 상처도 입게 되고 싸우게도 된다. 우리 속담에 '아 다르고 어 다르다.'는 말은 소통의 전달 과정의 중요성을 이르고 있다. 같은 인간끼리이면서도 소통이 원활하지 못한 경우가 있다. 소위 세대차라는 젊은이와 노인과의 대화가 소통이 잘 안된다고 한다. 일전에 老코미디언이 2, 30대 '개그맨' 틈에 끼이게 되었

지만 이 老 코미디언에게 젊은 '개그맨'들은 가까이 하려 하지 않고 피하더라는 것이다. 老 코미디언에게서 잔소리라도 쏟아질까봐, 또 얘깃거리가 마땅하지 않기 때문이란다. 이들 젊은이만의 사정은 아닐 것이다. 대부분의 노인들은 젊은 세대와 억지로라도 마주앉게 된다면 대화의 수준도 안 맞고 대화의 격이 다르다는 것으로 느낄 수 있다. 노인들이 하는 소리는 노파심에서 나오는 잔소리로 받아들이고 젊은 세대가 추구하는 생활방식은 이해되지 않는다는 것이다 이때 노인들은 무기력해지고 입 다물고 있는 것이 상책이 된다.

세대 간에 소통만이 어려운 것은 아니다. 세계 도처에서 종족 간에 국가 간에도 수천 년간 소통이 안 되어 싸우게 되고 전쟁을 일으키며 사람들이 죽어가고 있다. 내 뜻, 내 신앙으로 일방적으로 소통하려는 것이 결국 불통이 되어 원수가 되고 적이 되어 싸우게 된다. 우리도 북한과 60년간이나 소통하려 했다. 결국 지금까지 불통되고 있으며 통일의 길도 점점 멀어지고 있는 것이다.

언어에는 언어폭력이 있다. 폭력은 동물 세계에서 강자가 약자를 제압할 때 사용하는 물리력이다. 이 언어폭력은 인간의 언어 세계에까지 난무하여 반목과 갈등의 도를 높인다. 실제로 무력 폭력에 이르게 하는 경우가 허다하다. 또 촌철살인(寸鐵殺人)도 있다. 이는 펜으로 상대를 죽이는 짧은 글이다. 요즈음 북한에서 들려오는 언어폭력과 촌철살인은 가히 극에 달한다. 이런 집단과 진정한 소통을 바랄 수 있겠는가?

요즈음 세대는 정보가 홍수를 이루고 이 정보를 소통하게 하는 전자기기들이 있다. 컴퓨터니 휴대폰이니 우리의 일상을 지배하는

'소통박스'다.

우리는 이 '소통박스'를 얼마나 활용하고 있는지 소통의 기준이 된다. 그리고 소통한다는 것이 매우 어렵다는 것을 알게 된다.

'스토리텔링(Storytelling)' 시대

'스토리텔링'이 요즈음 갑자기 부각되고 있다. 글자 그대로 '스토리텔링'은 이야기 말하기다. 금년에 개편된 초등학교 2학년 1학기 수학교과서의 책 이름이 「스토리텔링으로 배우는 수학」 이다. 수학은 모든 학생이 제일 싫어하는 교과이다. 초등학교 저학년에서부터 한 번 싫어지면 영 수학과는 담을 쌓게 되어 일주일에 4~5시간씩 고등학교까지 수많은 시간을 허비하게 된다. 수학은 어렵든 쉽든 국어(國語), 영어(英語)와 같이 3대 필수과목이다. 이 어렵다는 수학을 다른 교과처럼 쉽게 접근하고 배울 수 없겠는가, 해서 교육부에서 머리 짜낸 결과임에 틀림없다.

학교 수학을 못 배워 실생활에 큰 어려움을 겪는 것은 아닐 것이다. 세상을 살아가는데 수학적 사고나 논리, 공간도형의 이해 등 직접 수학과 관계없을 듯도 하지만 실제로 수학을 배워서 인간 두뇌를 활용하여 얻게 되는 부가가치는 무궁무진할 것이다. 이 어려운 수학을 이야기로 말하면서 호기심을 유발하여 수학에 대한 딱딱한 선입견을 배제하려는 것이다. '스토리텔링'으로 다른 교과처럼 해보자는 것이다.

지금은 온통 이야기 세상이다. 인간이 살아가는 모든 분야가 '스토리텔링'으로 구성되고 있다. 라디오, TV, 신문, 잡지에서 이야기가 넘친다. '드라마'도 옛것이든 '홈드라마'든 고유명사를 빼고는 하나같이 허구로 꾸며져 있다. 그 시대에 저럴 수가 있나? 보고 듣는 시청자는 그런 의심보다는 재미있는 이야기로 받아들인다. 그것이 침소봉대 되고 허황된 가상이나 거짓으로 꾸며져 있어도 크게 문제될 게 없다. 우리는 잘 훈련된 청취자로 웃고 울고 하면서 그것이 진실이 아니어도 좋다고 박장대소한다. 모든 시청각 프로그램은 꾸며놓은 이야기다. 심지어 연예인들이 나와서 신변잡기나 늘어놓고, 모여 다니고 모여 놓는 프로그램에도 시청률을 높여주는 이유는 무엇일까? 모두 '스토리텔링'이다. '스토리텔링'은 이야기의 뜻도 있지만 거짓 이야기와 같은 의미로 통한다.

우리 조상들도 이 '스토리텔링'을 즐겨왔다. 기나긴 겨울밤 사랑방에 모여 옛 이야기해주고 이야기책 읽어주는 '스토리텔러'였다. 이 이야기꾼은 어느 마을에도 있었다. 인간의 역사와 같이, 인간의 언어와 같이 존재해 왔다. 우리가 어렸을 적 할머니 베개 아래에서, 엄마 품에서 귀신이야기로 공포를 경험하며 무서움에 변소도 홀로 가지 못했다. 심청이 이야기로 효도를 알고, 홍길동전에서 정의가 무엇인지 배우고 『장화홍련전』에서 고운 마음씨와 미운 마음씨를 배웠다. 모두가 허황된 이야기는 '스토리텔링'이다.

이 세상에는 진실만이 존재하는 것은 아닐 것이다. 오히려 허구의 세계와 상상의 세계를 통해 진실의 세계를 찾아가며 발전하는 것은 아닐까? 우리 고장 포천은 예부터 충효의 고장이고 선비의 고장이었다. 또 경치도 아름다워 이야기가 많은 고장이다.

가정이나 학교에서 '이야기 만들기'를 배우고 가르치면 좋을 것 같다.

6부
내가 겪은 6.25의 여름

내가 겪은 1950년 6·25의 여름

1950년 7월 중순 쯤으로 기억된다. 6·25 사변이 일어나고 한 달 쯤 되었다. 6월 28일 서울을 탈환한 인민군대는 남쪽을 향해 진격하고 있을 때다. 피난가지 못한 우리 식구들은 서울의 신당동에서 인민군대를 맞이했고 하루 빨리 유엔군의 서울 탈환을 기다리던 시기였다.

국군이 서울을 퇴각하던 6월 27일은 북한군의 포성을 들었으나 그 후의 서울은 의외로 조용했다. 이때 나는 중학교 3학년이었고 하루속히 학교가 개학하기만을 고대하고 있었다. 서울이 공산치하의 세상을 겪고는 있지만 학생들에게는 큰 변화를 준 것은 아니었다. 공산세계를 모르기 때문이었다. 동네 지서마다 빨간 완장을 찬 내무서원과 인민위원회 사람들이 치안을 담당하고 있었다. 여름 더위가 기승을 부리던 어느 날 방송뉴스 끝머리에 '서울의 각급 중학교 학생들은 며칠날 개학한다.'는 내용을 몇 번이고 공지하면서 한 사람도 빠짐없이 재학하고 있던 학교로 모이라는 내용이었다.

지루하게 지내던 나는 우선 반가웠다. 무엇을 배우든 학교가 개학하면 우선 헤어졌던 선생님과 학우를 만날 수 있다는 기쁨이 개학날을 고대하게 되었다. 나는 동네 친구들과 연락을 해 보고 학교에 나가보도록 하였다. 학교는 조용했다. 한 달 사이 아무도 오지 않았는지 운동장가로 잡초가 보였다. 교복을 입고 교모를 쓴 늙수그레한 가짜 학생들에 의해 움직였다. 전에 학교에서는 못 보던 학생들이 '등록표'라는 반절짜리 프린트된 종이 한 장씩을 나누어 주고 거기에 학년 반 이름과 나이 주소까지 기록하게 하였다.

당시의 중학교는 6년제로 1학년 6학년까지 동학(同學)하면서 아이들과 아저씨만큼이나 거리가 있었던 때였다. 이때 의외로 1학년 때 담임선생이었던 김학상 선생께서 강당으로 들어오시는 것이었다. 우리는 너무도 반가워 '선생님!'하고 소리쳤다. 김학상 선생께서는 음악선생으로 학교에서 이름이 나있었다. 음악계에서 활동하는 오페라 가수였다. 선생께서는 내가 1학년 때 담임이셨고 당시 국회의사당 옆의 부민관이라는 극장에서 해방 후 처음으로 열리는 '오페라 춘향전' 공연이 있었는데 선생께서 춘향전에서 '방자' 역에 출연하여 굵은 바리톤으로 코믹한 방자역을 멋지게 하는 것을 관람하고는 존경의 마음을 갖고 있는 터였다. 선생께서는 인사를 나누고 강당 무대 한쪽의 피아노로 가시더니 세워둔 괘도를 넘기면서 지휘봉으로 가사 하나하나를 읽어주시며 따라서 복창하도록 하였다. 이날 배운 노래는 전에 어디서고 들어보지 못한 노래 가사였다.

'김일성 장군의 노래'와 '적기가(赤旗歌)'였다.

"장백산 줄기줄기 피어린 자욱……
만고의 빨치산이 누구인가를

절세의 애국자가 누구인가를
그 이름도 빛나는 김일성장군"

적기가는
"비겁한자여 갈 테면 가라
우리들은 붉은 기를 지키리라"

김일성장군의 노래와 적기가는 '피어린' '만고의 빨치산' '비겁한 자여 갈 테면 가라' 붉은 노래를 다 가르친 선생님이 손을 흔들어 작별인사를 하고 강당을 떠나자 기다렸다는 듯이 예의 그 청년들이 강당무대를 점거하고 다시 엄숙한 분위기로 돌아갔다. 그들 중의 지도자급 학생이 단상으로 올라가 일장 연설을 하기 시작하였다.

'영용한 인민군대는 서울을 해방시키고 남조선괴뢰군을 무찌르며 수원, 천안, 대전을 단숨에 해방시키고 지금 대구로 진격중입니다. 오래잖아 대구가 뚫리고 부산까지 단숨에 처내려갈 것이다. 이 민족통일 해방 전선에 동무들의 동참을 바라고 왔다. 동무들도 원하십니까?'

'옳소. 우리도 이 성스러운 통일 전선에 함께 참여합시다.'

'인민군대에 자원입대 합시다.'

모두 일어서서 열렬한 박수로 군 입대를 결의했다. 순식간의 일이었다. 누구 하나 반대하거나 이의를 제기하지 않았다. 만장일치로 자원입대가 이루어졌고 자원입대 선서를 하였다. 무엇에 홀린 듯 그들의 지시대로 꼭두각시처럼 움직였다.

잠시 후 우리는 강당 앞마당에 학년별, 키 순서대로 모여 소대를 조직하여 소대장도 저들에 의해 임명되고 이들 소대장들엔 즉시 준비해 온 완장과 호루라기가 주어졌다. 모두가 치밀한 각본에 의한 것이란 걸 알 수 있었다.

'하나- 둘- 셋- 넷-, 하나, 둘, 셋, 넷'

구령에 맞추어 호루라기에 맞추어 우리는 행진하기 시작했다. 덩치 큰 감시학생이 앞, 뒤, 좌, 우에서 이탈하지 못하게 감시하며 플래카드를 앞세우고 구호를 외치며 학교 교문을 빠져나와 시내로 향했다. 나는 이대로 인민군대에 끌려 나가 '개죽음'을 당하는 게 아닌가 싶어 초조하고 겁이 났다. 부모님 생각 할머니 생각 동생들 생각을 하며 자신의 경솔한 행동이 너무나 미웠다. 우리는 서울시청 앞으로 나와 광화문 네거리를 돌아 종로길로 향했다. 지나가는 시민들은 아무 반응 없이 무표정인 것 같았다. 우리가 간 곳은 수송국민학교였다. 학교운동장에는 어깨띠와 머리띠를 두른 많은 학교의 학생들이 우리와 똑같이 끌려와 있었고 계속 끌려오고 있었다.

학교 정문에 들어서자 제일먼저 눈에 띈 것은 이 학교 4층 옥상에 웃통을 벗은 5, 6명의 미군포로 들이었다. 이들 포로는 어디서 잡혔는지 하얀 살결을 들어내고 연방 운동장 쪽을 향해 우리를 보고 소리치는 것 같았다. 포로 대우에 대하여 호소하는지 계속 소리치는 것이었다.

이날 모인 인민군 자원입대 학생들은 인민군 빨치산인 듯한 평상복 차림의 심사위원 앞에 나가서 '합격', '불합격'의 판정을 받게 되어 있었다. 운동장 한 옆으로 작은 책상을 앞에 한 그들 앞에 우리는 쭈그리고 앉아 있다가 차례로 나가서 입대여부를 가리게 되는 것이었다.

이들 심사위원에 의해 합격되면 그들이 앉아있는 뒤편의 강당으로 가고 불합격 판정을 받으면 한편에 정렬해있다가 인솔자에 의해 교문 밖까지 인솔되고 난 뒤 해산하는 것이었다. 드디어 내 차례가 되었다. 심사위원의 호명도 없이 앞사람 다음 차례를 기다렸다가 내 차례가 되어 심사위원 앞으로 나갔다. 그는 내가 서있는 자세를 머리끝서부터 발끝까지 한 번 훑어보고는 '동무의 자원입대를 열렬히 환영합네다.' '몇 살입네까?' '열여섯 살입니다.' '동무 무슨 운동을 합네까?' '운동은 잘 못합니다.' '공부만 합네까?' '네!' '…에… 동무는 다음 기회에 부르면 나오시라우요.'

턱으로 불합격 장소로 가라고 하였다. 나는 재빨리 인사하고 아무 말 없이 불합격자들이 모여 앉아 있는 곳으로 가서 앉았다. 가슴이 두근거렸다. 나는 얼굴이 노래가지고 거의 반죽음이 되다시피 기진맥진으로 집으로 돌아왔다. 그때 기억이 새롭다.

'불합격!'

내가 조금만 건장했으면 합격했을 것이다.

어린애 취급을 받은 것은 자존심의 문제일 수 있으나 천만다행으로 천우신조(天佑神助)하여 인민군대를 피할 수 있었으니 행운이 아니고 무엇이랴. 만약 합격되었다면 수송국민학교에서 길 하나만 건너면 있는 창덕여중에 가서 꼭 1주일을 훈련받고 전쟁터로 끌려가서 최 일선에 배치되고 포격이나 총 맞아 죽는다면 이것이야 말로 개죽음이 아니겠는가 싶어 지금도 그때 생각을 하며 식은땀을 흘릴 때가 있다.

인생은 자기 뜻이 아니게 운명이 작용하고 어쩔 수 없이 이 운명을 따르게 된다면 얼마나 허무할 것인가. 6.25는 나에게 생과 사의 운명 같은 것을 생각하게 하는 귀중한 체험을 남겨 주었다.

소년시절 '트라우마'

〈장면 1〉

일제 강점기. 1944년 서울의 여름이다.

아현초등학교 3학년 때 여름방학이 끝날 무렵이다. 친구랑 지금의 서대문 사거리를 지나게 되었다. 우리들의 눈길을 끈 장면이 벌어졌다. 당시 서대문은 일제 강점기라 해도 전차들이 다니고 사람들의 왕래가 빈번한 복잡한 거리였다. 이날은 교통순사가 흰 장갑을 끼고 긴 장화를 신고 교통정리를 하고 있었다. 교통순사는 호루라기를 휘익 불며 자동차 전차가 잘 다니도록 보행자를 단속하고 있었다. 가지 말라고 순경이 저지를 하면 웬일인지 '이때다'고 생각하는지 무작정 길을 건너는 사람이 많았다. 길을 다 건너오면 길 건너편의 교통순사가 누구든 붙잡아서 길 한편에 새끼줄로 거리 유치장을 만들어놓고 그리로 데려가서 못 나오게 하였다. 한 사람 두 사람 법규 위반자가 금세 10여 명에 이르자 전부 새끼줄 유치장에서 나오게 하여 1열 횡대로 세우더니 모두 오른손으로 옆 사람의 왼쪽 귀를 잡게 하고 순사가 제일 앞에서 첫 번째 사람의 귀를 잡아끌면서 로터리를 한 바퀴 도는 것이었다.

중간에 귀를 놓고 딴청을 부리는 사람은 야단을 치고 다시 잡게 하여 끌고 가는 것이다. 잡힌 사람은 대부분 노인 부녀자가 대부분으로 처음에는 잡혀 와서 멋쩍은 듯 낄낄 웃다가 순사가 호통 치는 바람에 아무소리 못하고 멋쩍어 했다. 한 바퀴 돌고 난 뒤 처음 자리에 와서 귀를 놓게 하자 모두의 귀는 빨개져 있었고 어느새 얼굴에는 괴로움과 분노의 표정이 역력했다. 구경꾼들은 처음엔 깔깔대며 웃기도 하다가 '저런! 저런!'하면서 안타까운 동정을 보내기도 하였다. 나중에 들은 얘기는 여기서 교통을 지도하던 순사들은 모두 '조선순사'라고 했다. 말 탄 순사만 일본사람이라는 것이다.

나는 처음으로 순사라는 사람들이 '무섭다'고 느꼈다. 그리고 벌을 받고 풀려난 사람들이 다시 행길을 건너다 또 잡혀서 그 새끼구치소에 끌려 들어가는 것을 보고 참으로 불쌍한 조선 사람을 비루하게 생각하였다.

〈장면 2〉

그해 겨울이 돌아올 무렵이었다.

우리 동네 「공덕 파출소」에 조선사람 피의자가 지서로 잡혀왔는데 무엇 때문인지는 모르나 순사로부터 신문을 받으며 폭언과 폭행을 당하는 모습을 지서의 창 너머로 보게 되었다. 이 모습을 보려고 사람들이 파출소 주변으로 벌떼처럼 모여 이 신기한 구경거리를 진을 치고 구경하는 것이다. 나는 제일 앞에서 파출소 창문을 부여

잡고 안을 구경하였다. 그 잡혀온 피의자는 무릎 꿇고 앉은 채 발길질에 채이며 얼굴은 피 범벅이 되어있었다. 순사는 소리 지르며 이 새끼 저 새끼 하는 소리가 밖으로까지 들려왔다. 조선말을 하는 것으로 보아 조선사람 순사라는 것을 금세 알 수 있었다.

이 순경은 가끔씩 지서 문을 열고 양동이에 물을 받아 구경꾼들을 향해 물을 끼얹는 것이었다. 구경꾼들은 재빨리 도망갔다가 다시 모여 들기를 몇 번씩이나 하였다. 내가 두 번째로 본 이 순사는 먼저 본 교통순사보다 더 사납고 악질로 보였다.

〈장면 3〉

그 다음해 1945년 8월 15일에 해방이 되고 3년 후는 대한민국이 세워지며 역사적인 변화가 있어났다. 나도 해방이 되자 초등학교 4학년이 되면서 한글을 배우고 3년 후 대한민국이 수립돼서는 中學校에 입학하고 낯선 영어도 배우고 우리나라 역사도 배우게 되었다.

다시 2년이 지나고 중학교 2학년 때인 6.25가 일어나기 전해였다. 해방과 동시에 일본이 패망하여 일본인들이 모두 일본으로 돌아가자 우리 집에도 변화가 일어났다.

공덕동에 살던 우리가족은 신당동으로 이사했다. 신당동 집은 나의 외삼촌이 사서 우리에게 준 적산 가옥으로 일본 사람이 살던 자그마한 2층 양옥이었다. 무척 추운 겨울로 기억된다. 식구가 모두 잠자고 있는 야밤에 우리 집 현관문을 '탕탕' 두드리는 사람들이 있었다. 우리는 잠자다 양쪽 방에서 전부 일어나 현관으로 나왔다. 우리식구 여섯 명은 모두 속옷 바람이었다. 아버지가 문을 열어주자 이들은 급히 들어왔다. 모두 세 명이었는데 한 사람만 경찰 복장이고 두 사람은 평복을 입은 손에 권총을 들고 있었다.

"이 집에 김수복이라고 있지?"

"네, 2층에 삽니다. 지금 집에는 없습니다. 며칠째……."

그들은 채 아버지의 애기도 듣기 전에 구둣발로 층계를 올라갔다. 나무층계를 오른 이들은 아무도 없는 김수복의 방에서 몇 가지 책자와 프린트된 서류를 들고 나왔다.

"이 새끼, 집에 오거든 경찰에 연락하시오!"

한마디 하고는 금세 가버렸다. 우리 식구는 벌벌 떨며 방에 들어와 무서움으로 날밤을 새웠다. 당시 단국대학을 다니던 '김수복'이란 대학생은 충청도가 고향인 할머니의 먼 친척이 되는데 당시 우리 집에서 하숙을 하고 있었다. 며칠 후 나는 뒤꼍을 청소하다가 후미진 곳에서 '김수복' 학생이 숨겨 놓았을 것으로 보이는 서적과 프린트된 책자를 무더기로 발견하고 아버지께 이 사실을 보고하자 아버지는 놀라며 아무소리 하지 말라며 이 책자들을 지하실 군불 때는 화덕으로 가져가서 한 권 한 권씩 찢고 구겨가며 소각해버렸다. 나는 이때 이 서적들을 불 때면서 혹시 지난번에 왔던 경찰이 오지 않을까 겁이 나서 안절부절했다.

이때의 사건은 지금까지 잊혀 지지 않고 가끔씩 꿈으로 나타나서 식은땀을 흘리게 하는 '트라우마'로 남아있다. 인생은 누구에게나 작은 경험들이 쌓여가며 성장하지만 특별히 기억되는 것들이 인생길의 '트라우마'로 남아 오래도록 동행하게 된다.

흡연(吸煙)과 금연(禁煙) 사이

담배는 오랜 세월 인간이 즐기는 기호품으로 자리해왔다. 담배가 전매품으로 거둬들이는 세금도 만만치 않다. 국민 건강을 위해서는 금연 캠페인을 하고 세수 증대를 위해서는 많이 팔아야 하는 이중적 모습의 애물단지가 담배다.

얼마 전 시외버스를 타고 가다 잠시 좌회전 신호를 기다리는 사이 버스기사가 차에서 급히 내려 차 옆에서 한 대의 담배를 맛있게 피우고 올라오는 모습을 보았다. 애연가라면 이해가 갈 것이다.

전에 어느 고등학교에서의 일이다. 1교시가 끝나고 운동장가에 있는 재래식 변소로 학생이 몰린다. 담배 피우는 학생들이 몰려 뿜어대는 연기가 마치 화재가 날 것 같은 흡연구역이 되었다. 이를 교무실에서 보고 있던 교장선생님 왈 '저것 막을 수 없는가?', 생활지도담당 교사 왈 '교장선생님이 시간마다 그 앞에서 단속하신다면…….' 지금은 학교 전체가 금연구역이 되었다.

사람이 모이는 곳이면 실내는 물론 야외까지도 피울 곳이 줄어든다. '나홀로 광야의 흡연'만 인정된다고 할까. 다른 사람에겐 폐 안 끼치고 못 보는데서 하늘을 향해 담배연기를 날릴 수밖에 없다. 복도가 개방된 아파트에서도 이웃과 위층 사람을 위해 피우지 말라고 압력이 들어온다. 자신의 자가용차 안에서의 흡연도 차내에 냄새가 배이고 가족이나 동승자의 불쾌감을 자아낸다. 흡연자는 설 자리가 없다. 사회는 금연시대로 몰아간다. 전에 있던 공공건물의 층계사이나 복도 끝의 흡연구역도 모두 폐쇄되고 있다.

꽁초 잘못 버려 벌금 물어야 하니 그렇다고 재떨이를 갖고 다니며 담을 수도 없다. 피우다만 꽁초는 냄새가 더 짙어서 어쩌다 호주머니 속에 버려지면 그 냄새가 옷 전체로 베어난다. 그 옷을 걸어두는 옷장에서도 냄새가 잠기게 된다. 끊는 길 밖에 없다. 모두가 공감한다. 그러나 마음대로 되지 않는 게 금연 결단이다.

'세 살 버릇 여든까지 간다.'고, 지금은 습관의 노예가 된 상태에서 끊기가 쉽지 않다는 것이다. 담배가 인체에 해롭다는 것은 이미 흡연자가 더 잘 안다. 담배 갑에 경고 문구에서부터 흡연의 피해를 선전하는 동영상물의 죽어가는 인간 모습에서도 그렇고 담배로 인해 폐암으로 사망한 사람의 폐에서 묻어나는 새까만 담뱃진을 흰 장갑으로 묻어낼 때 섬뜩한 충격을 주기도 한다.

필자도 중학교 3학년 때 담배를 배워 2년 전에 끊을 때까지 장장 60년의 줄담배 경력이 있다. 끊게 된 동기는 병(病)에 있었고 의사에게서 금연 명령을 받았다. 담배와 죽음과 바꿀 거냐고 냉정하게 진단하는데 자존심이 상했다. 끊으려고 하니 담배로 인해 받던 천대와 멸시 같은 것이 서럽기도 하였다.

담배에 대한 과거의 향수가 지나간다. 고된 군 생활 훈련 중 휴식시간에 피우던 담배 맛, 식후일미에 속한다는 담배 한 모금, 잠 깨어 눈 비비고 피우던 맛은 어떤가. 술 한 잔에 담배 한 대로 안주삼아 피우던 담배, 감정을 삭이느라 외롭게 피우던 담배 맛, 시상(詩想)에 쫓아 피우기도 했다. 담배는 곧 생활이었다. 길거리에 꽁초를 주워서 피우기도 했고 잎담배를 신문지에 말아서 피우던 때도 있었다.

금연을 하니까 몇 개월은 금단(禁斷)현상으로 괴롭기도 하다. 담배와 라이터를 찾아 무심코 호주머니를 불쑥불쑥 뒤지고 거기 없을 때 허탈하고 입이 마른다. 담배 피우는 사람과 같이 있을 때 더욱 그렇다. 담배를 가장 맛이게 피웠던 시간, 그 공간에 이르렀을 때 더욱 그렇다. 은단도 먹어보고, 금연약도 붙여보지만 흡연 습관에서 온 정신적 안정은 쉽게 오지 않는다. 하루, 열흘, 한 달…….

금연과 싸우는 자신의 인내력을 한 달쯤 넘기니까 자신감이 조금씩 불어난다. 겸하여 성취감도 즐거움으로 자리하게 된다. 금연하니까 좋은 점도 많다. 냄새 안 나지, 호주머니 깨끗하지, 가족이 환영하는 것은 물론 이보다 더 중요한 것은 하루하루 건강해진다는 자신감이 생활을 훨씬 활기차게 해준다. 그리고 담배 피우는 애연가를 향해서 왜 못 끊는가? 충고도 하게 되었다는 사실이다. 흡연과 금연 사이는 삶과 죽음의 간격만큼이나 거리가 있는 걸까?

6.25 그날

6월이면 61년 전 6.25가 떠오른다.

6월 25일은 북한군이 남침한 날이고 6월 28일은 서울을 빼앗긴 날이다. 당시 나는 서울의 신당동 부자동네에 살았다. 2층집 적산(赤産) 가옥이었는데 부엌 마루 밑으로 안방에 불 때는 작은 지하 공간이 있었다. 북쪽에서 포 쏘는 소리가 가까워지자 우리 식구(할머니, 아버지 어머니, 동생 셋)는 이곳으로 옮겨 밤샘을 하였다.

'쿵~ 쉬잉' 인민군이 쏜 포탄이 지붕으로 날아간다. '쿵'은 포 쏘는 소리, '쉬잉'은 포탄 지나가는 소리다. 터지는 소리는 듣지 못했다. 아마 지붕을 넘어 한강을 건너서 말죽거리쯤에 떨어진 것 같다. 후퇴하는 국군의 코앞에 덜어지는 것 같다. 6월 28일 서울을 뺏기는 날 아침의 초조했던 우리 집 모습이다.

집 밖에서 웅성거리는 소리가 들렸다. 나가보니 행길 건너에 있는 청구동 파출소 앞에 육중한 소련제 탱크가 발동을 끄고 있었다. 어디 있다가 쏟아져 나오는 사람들이었는지 행길은 미어졌다. 손에는 별이 그려진 북한의 수기(手旗)를 들고 있었다.

'인민공화국 만세', '인민군 만세', '김일성 장군 만세'

모두 기를 흔들며 탱크를 향해 모여들었다.

'탱크'의 '해치'가 열리고 탱크병이 탱크 밖으로 상체를 들어내자 '캡'을 쓴 누군가가 탱크 위로 성큼 올라가 탱크병과 악수를 했다.

'여러분 안녕하십니까!'

사람들이 깃발을 흔들며 환호했다.

'서울이 해방이 되었습니다.'

'김일성 장군의 영용한 인민군은 남조선의 이승만 괴뢰도당을 무찌르고 서울을 해방시켰습니다.'

'지금 인민군대는 한강을 넘어 수원으로 진격하고 있습니다.'

누군가 '인민군 만세'를 선창하고 모두는 미친 듯이 깃발을 흔들며 환호했다. 잠시 후 인민군 보병이 장총을 메고 길 양쪽으로 행진해 왔다. 누군가 인도 쪽에 물 양동이를 갖다 놓으니 병사들이 바가지로 퍼서 마시기도 하고 철모를 벗고 박박머리에 물을 끼얹었다. 내 또래 어린 병사였다. 얼굴은 새까맣게 그을렸고 총검을 꽂은 장총은 병사의 키보다 훨씬 길었다. 12시가 넘어 집에 오니 식구들이 지하에서 안방으로 모여 점심을 먹고 있었다.

오래 전부터 있었던 7구짜리 일제 라디오에서는 빨치산 노래와 김일성 장군 노래가 쉼 없이 흘러나오는 사이 중앙방송국을 점령한 인민군 사령부의 뉴스가 우리 아나운서의 목소리로 흘러나왔다. 포소리가 점차 멀어지자 거리는 6월 25일 전처럼 아무 일 없었던 듯이 사람들이 쏟아져 나왔다.

쇳물을 부어 통으로 만든 듯한 소련제 탱크, 이 탱크의 지축을 흔드는 엔진소리, 낯선 인민공화국 국기, 동안의 앳된 인민군의 지친 모습이 6월이 되면 또렷이 떠오른다.

나의 86세 투병기

이 땅에 '코로나19'가 출몰하여 세상을 뒤엎으려는 오늘의 상황이 시작된 것은 불과 6개월에 지나지 않는다. 필자는 코로나 19의 시작된 거의 같은 시기에 고질병을 얻어 오늘까지 투병을 하고 있다. 누구나 다 아는 해소 천식이란 병이다. 폐쇄성 폐질환으로 진단이 내린 이 병은 기침과 가래로 콜록거리고 기침이 멈출 때쯤엔 숨이 차고 맥이 쭉 빠지는 병이다. 별로 큰 병 같지도 않은 흔한 병인 것 같은데 당사자 본인은 죽을 고비를 넘긴 심각한 병이다. 전에도 한국 노인들에게 많이 걸리는 소위 '알고 죽는 해소병'이란 별명까지 붙어있는 병이다.

의학이 발달한 현대 사회에서 기침, 가래 쯤 고치는 것이 그리 어렵지 않은 것으로 생각했다. 좋다는 약은 다 먹으며 주사까지 맞으니까 어느 정도 기침을 멈추게는 하였으나 완치가 되지 않는 상태인지 15분 정도의 기침이 계속되다가 멈추게 되면 숨이 차서 헐떡인다. 숨이 턱까지 오르면서 숨이 컥컥 막히니까 어쩔 줄을 몰라 한다.

아침 밥상에 의무적으로 앉으나 식욕은 싹 달아나고 할 수 없이 인스턴트로 판매되는 스프, 죽 정도 누룽지 죽을 쑤어 먹으며 억지로라도 먹으라는 모든 사람의 권고를 들으며 씨름한다. 입맛은 찾을 수 없고 이런 날이 계속되니까 다른 병이 도진다.

변비증으로 고생하고 전립선까지 나빠져서 밤중에 네다섯 번을 소변보러 다니기도 한다. 체중은 하루가 다르게 줄어 중학생 몸무게만도 못하게 떨어지니까 이번엔 아래위 틀니가 헐거워지면서 접착제를 아무리 바르고 생활해도 견딜 수가 없기에 새로 틀니를 맞추고 끼게 되었다. 하품도 할 수 없고 대화도 할 수 없게 된 치아의 소중함을 오복의 하나로 알게 해주었다.

지금 내 병은 완치되지는 않았지만 많이 좋아졌다. 한 달 전 서울의 종합병원에서 새로이 검사진찰을 받고 특히나 '조터나'라는 캡슐을 매일 아침 폐로 직접 흡입하므로 기침후의 숨찬 호흡기병이 많이 완화되고 있다. 무엇보다 숨이 차지 않으니 작은 활동을 할 수 있게 되었다.

아침이면 채마 밭 의자에 걸터앉아 잡초도 뽑게 되었고 현관 앞에 의자를 내놓고 햇볕도 쪼이고 비가 그칠 때면 집 주위를 뱅뱅 도는 걷기운동도 할 수 있다. 실내에선 실내 자전거 타기를 다시 시작할 수 있게 되었고 입맛도 돌아와서 가벼워지기만 했던 몸무게도 일단 스톱이 되어 다시 상승기미가 보여 희망적이다. 좀 더 열심히 운동하고 노력하면 더 좋아질 것이다.

의사 선생님 말씀이 내 나이에 완치는 어려울 수 있으나 희망으로 살라 하신다. 요즘은 기분 좋은 시간이 많아진다. 욕심도 생긴다. 좀 더 기운이 생기면 '마홀 문확회'도 나가고 싶고 10년을 지속해온 매주 목요일의 문화원 실버 하모니카 악단에 다시 나가고 싶고 '코로나'의 거리두기로 이제껏 개강식만 하고 휴강 중인 제 11기 유림대학의 개강이 이루어져 내가 맡은 강의 두 시간도 꼭 마지막으로 하고 싶다.

다시 평범한 일상으로 돌아갈 수 있을까? 하늘은 스스로 돕는 자를 돕는다고 했다. 기대하고 싶다. 그리고 완쾌되면 내 병 때문에 내 날카로운 신경질을 고맙게 받아준 내 아내와 자식들에게 고마움을 표하고 싶다.

나의 하모니카 人生

\- 내 나이가 어때서 -

어제는 이해 들어 처음으로 많은 관중 앞에서 이 노래를 하모니카로 연주했습니다. 저는 열두 명 실버악단 단원입니다. 관중 600명이 들이찬 '포천아트홀' 무대에는 마침 금년도 노인 일자리 찾기 발기대회가 열렸고 우리 하모니카 악단이 초대받아서 연주했습니다. 이 노래 1절은 하모니카로 불고 2절은 노래로 불러드렸습니다. 우레와 같은 박수를 받고 '앙코르'를 받아 '동백아가씨' 한 곡을 더 연주했습니다.

'내 나이가 어때서'란 노래는 노인들의 자부심을 담은 진솔한 가사와 쉬운 '멜로디'가 좋아서 몇 번 연습해 보고 무대에 올린 노래입니다. 제가 포천의 문화원에서 운영하는 '하모니카 실버 악단'에 몸담은 지도 벌써 5년이 흘렀습니다. 어릴 적에 어디서 생겼는지 모르지만 삐삐 소리를 내며 아무렇게나 불었던 추억의 하모니카로 '하모니카 실버악단'이 탄생하고 여기 모인 단원 대부분은 저와 비슷한 실력으로 시작하게 되었습니다. 65세 이상의 노인들만이 모인 실버악단은 '우리도 할 수 있다. 최선을 다하며 즐기자'는 모토로 1

주일에 한 번 두 시간씩 연습하였습니다. 집에 와서도 장소 불문하고 몇 시간씩 연습하면서 입술이 부르트고 침이 마르고 기침도 나왔습니다.

저는 금년에 80세가 되었습니다. 하모니카를 새롭게 배우면서 배우는 시간이 즐거워 1주일이 멀게 기다려집니다. 배운 것을 반복하고 예습도 준비하며 자신감을 쌓았습니다.

저는 교직에서 정년한 지 15년이 되었습니다. 그 후 세월을 보내며 100세 시대를 어떻게 살 것이냐 고민하기도 하였습니다. 요행이 어느 날 저에게 찾아온 것은 120그램밖에 안 되는 이 작은 하모니카였습니다. 그리고 이 작은 하모니카는 저에게 희망과 행운을 가져다주었습니다. 악단을 조직하고 맹연습을 거듭한 다음 해에 우리 악단은 '전국 하모니카 경연대회'에서 12개 팀을 물리치고 당당히 1등을 했습니다. 그리고 이 여세를 몰아 '말레이시아 쿠알라룸푸르'에서 열리는 아태(亞太)지역 하모니카 페스티발에 참여했고 59세 이상 실버 분야에서 '양산도 아리랑'이란 순수 우리 곡으로 은상을 차지하였습니다.

시에서 과분한 환영도 해 주었고 우리의 명성이 알려지면서 바빠지기 시작했습니다. 초대하는 곳도 많아졌고 스스로도 찾아 나섭니다. 관내 노인대학, 고아원, 양로원, 장애인 수용시설, 어르신 요양시설을 찾아다닙니다. 무대에서 우리의 나이가 65세 이상이라면 더 큰 박수로 환영해 줍니다. 모임이 있는 크고 작은 행사에 초대받습니다. 포천의 억새꽃 축제나 시민의 날 행사 등에 출연하고 멀리 강원도의 강릉이나 경북의 포항까지도 초대받아 출장을 갑니다.

저는 이 하모니카 악단에서 두 번째로 나이가 많습니다. 하모니카를 불기 전에 저는 폐병을 앓았습니다. 완쾌 되었다가 재발하여 2년간을 고생하며 절망에 빠진 때도 있었습니다. 그러나 지금은 하모니카를 불면서 폐활량도 좋아지고 더 건강해졌습니다. 더구나 보람으로 느끼는 것은 하모니카 불면서 음표도 익히고 몰랐던 대중가요, 동요, 외국가요까지 배우게 되고 라디오, TV 채널도 음악프로를 즐기게 되었습니다. 많은 취미와 배움이 새로이 생겨났습니다. 또 이 고장에 변화를 주었습니다. 우리를 따라 배우려는 후배 세대가 3개 팀이나 생겨나고 두 개 학교에서도 하모니카 반을 만들어 방과 후 특기적성교육을 한다는 것입니다.

저는 내 달부터 장애우 시설에서 장애우들에게 하모니카를 가르칠 예정입니다.

'하모니카의 행복'을 전수할 것입니다.

연싸움

고향인 서울을 떠나 이곳 포천에 자리 잡아 살아온 지도 벌써 50년이 되었다. 가까운 가족들도 서울에서 떠나 살다보니 가족끼리 서울에서 만날 일이 별로 없다. 이젠 나에겐 고향이란 꿈처럼 멀기만 하다. 그래도 매년 추석 때가 되면 어린 시절이 생각난다.

서울 공덕동에 살던 때다. 초등학교 3, 4학년 때 쯤 해방 전인데 마포형무소 철조망 쪽에 살 때였다. 집 앞으로 작은 도랑이 뻗어 있고 도랑 건너편으로는 형무소 철망이 길게 처져있었다. 여름에는 파란색 옷을 입고 겨울에는 벽돌색 옷을 입은 전중(죄수)들이 농사 지으러 밭에 나와 채소를 경작한다.

이들은 하루 종일 뙤약볕에서 채소밭 김을 매주고 거름 주고 수확하면서 한 해를 보내며 농사를 짓는다. 추석 때 쯤 더위가 물러가고 서늘한 바람이 조석으로 불어오는 때 쯤 동네 꼬마들이 몰려나와 철조망 이쪽에서 연날리기 싸움을 시작한다. 서로가 띄운 연과 연이 줄 끊기 싸움을 하는 것이다. 싸울 의향 있는 아이끼리 서로의 연줄을 연끼리 걸고 얽히게 하여 연줄을 끊는 싸움이다. 연이래야 집에서 만든 방패연과 오징어연이 전부였지만 이 연싸움은 연보다 연줄에 그 싸움의 승패가 있기에 좋은 연줄을 만들기에 심혈을 기울인다. 처음에 연줄은 엄마가 쓰는 바느질실이었으나 실이 굵고 튼실하지 못해 연싸움에는 적합지 않아 그 당시 집에도 없던 재봉틀용 실을 구입해서 이 실 위에 생선 내장에서 나오는 부레를 끓여 입히고 또 사금파리가루를 입혀 실을 칼날처럼 날을 세워 싸우는 것이다.

연끼리 얽히게 하여 당기고 풀고 줄을 손으로 튕기면서 실끼리 톱질을 하며 줄을 끊는 것이다. 한쪽이 끊어지면 와- 승리의 함성이 들리고 끊긴 연은 제껴지면서 파도 타듯 둥실둥실 떠나간다. 끊어져 나간 연은 다시 찾기 힘들다. 이를 찾으려면 형무소 안으로 들어가야 하는데 망루에서 바라보는 보초가 지키고 있어서 들어가지 못한다. 이 연싸움은 어린 꼬마들의 지혜를 모으게 하는 놀이였다. 한 번 지면 손해를 보기 때문에 어떻게 해야 튼튼한 실을 만들 수 있는지 머리를 짜내는 것이다. 실에 사금파리를 입히는 방법, 요령에서부터 싸울 때의 기술, 싸움 잘 할 수 있는 연 만드는 방법, 재료에 이르기까지 고심하는 것이다.

연싸움의 매력은 내 기술 전략에 의해 상대의 연이 패하여 저 멀리 떠나가는 것이다. 그러나 이 싸움의 기술을 하루아침에 터득하기가 그리 쉽지 않다. 이 기술은 인간의 전쟁처럼 연구하고 많은 싸움에서 경험(전투)을 쌓아야 한다. 내가 만든 연이 전쟁에 패하여 멀리 떠내려갔을 때 내 연을 회수하려고 철조망 너머로 몰래 들어갔다가 요행이도 회수한다면 행운이지만, 대부분 순사에게 붙들려 혼이 나고 울며 돌아온다.

이 연싸움은 음력 정월이 되면 봄기운에 편승하여 모든 집안의 꼬마들이 밖으로 몰려나올 때, 우수경칩을 맞아 대동강 물이 풀리기도 하지만 김칫독이 깨진다는 칼바람을 맞으며 연싸움 2차전을 맞이할 때쯤엔 우리를 설레게 한다.

꼬마들의 손등이 x자로 트고 피가 배어 나오는 추위를, 홑바지로 견뎌내던 어린 시절이지만 마냥 그리워진다.

담배인생

내 나이 16살에 6.25가 나고 1.4 후퇴 때 천안에서부터 담뱃불을 다린지 60년 가까이 애연가를 자부하며 74세가 되어서야 담배 피우기 장정長征을 끝냈다. 부친은 그때 체신청 공무원으로 이미 천안으로 동료들과 피난 가 있는 상태였고 나는 아버지를 따라 어머니와 동생들을 시흥의 외갓집에 머무르게 하고 혼자서 아버지를 찾아 나서게 되었다. 다행히 천안 우체국에서 아버지 일행을 만날 수 있었고 전선의 추이에 따라 이동하고 있었다. 남하하는 피난민으로 천안은 욱적북적 하였다. 나는 하도 심심하기에 양 담배 몇 보루를 사가지고 한 곽씩 팔러 다녔다. 이때 처음으로 담배를 피워보았다.

지금은 더 하겠지만 그 당시 양담배의 미려한 외관만으로도 호기심을 부르기에 부족함이 없었다. 매듭을 빙 돌려 뜯으면 가지런히 정렬된 알 담배 한 개비를 밑을 눌러 뽑아 보면 피워보고 싶어 입맛이 절로 난다. 이렇게 시작된 담배는 중독이 되어 하루 몇 개비로 만족하다가 담배를 끊게 될 때는 2갑 가까이 피우는 골초가 되었다. '네 시작은 미비하나 그 끝은 창대'하게 되는 성경말씀도 생각난다. 한 번 담배 맛을 들이니까 끊을 수가 없게 되었다. 대전까지 아버지 일행과 같이 가면서 피난 트럭에 탔을 때만 피우고 차가 서기라도 하면 내려서 빈집 모퉁이를 돌아 안 보이는 곳에서 피우고 잠을 자고 나면 다른 사람들보다 일찍 일어나 화장실에서 피우고 밤에는 담배 피우고 들어와서 제일 늦게 자기도 하였다.

피난 생활을 끝내고 폐허가 된 서울 집을 대충 고치고 복귀한 것은 1953년 2월이었다. 서울 학교가 개교하고 휴전 전이지만 전선은 답보 상태였다. 다시 학교생활을 시작했을 때 얼마간 담배를 끊었다. 주번 선생의 감시 때문이었다. 그러나 전과前科는 어쩔 수 없었다. 특히 유도 선생이 주번을 맡았을 때 일제 소탕이 시작되었다. 배 선생은 아침 등교 시간에 등교하는 학생을 한 줄로 세워서 흡연 여부를 조사한다. 조그마한 사각 거울을 입에 넣어 윗 이빨 사이에 낀 검은 담뱃진으로 옥석을 가리는 것이다. "이쪽으로 서!" "들어가!" 이 두 마디로 끽연 범을 색출하여 따귀 두 대씩을 때리고 "다시 피우면 퇴학이야!"

그때 맞은 빰 싸대기가 난생처음 눈물 빠지는 아픔으로 기억에 새롭다. 그때 나는 억울한 생각으로 분을 참지 못했다. 안 피우기로 이미 마음먹었는데 전과를 끄집어내어 체벌한다면 회개할 사람 누가 있겠는가 싶었다. 그 후로 담배를 안 피우면서도 배 선생 주번 날에는 아예 지각을 하거나 결석도 마다하지 않았다. 나의 전과에 대해서 또 무작정 체벌을 받을까봐 겁났기 때문이다.

그 후 고3을 거쳐 졸업할 때까지 아주 조심하면서 하루 한두 개비 씩 피웠다. 그러나 졸업 후에는 허가 받은 신분이 된 것처럼 길거리에서도 버스 안에서도 집의 건넌방에서도 거침없이 연기를 날렸다. 훈련소 입대에서 군 3년을 복무할 때는 하루 화랑 담배 열가치가 부족하여 내가 배급받은 건빵으로 전우의 담배와 바꿔서 피웠다.

그 후로 무슨 일을 하든 어느 곳에 있든 담배와 라이터는 나의 가장 친근한 벗이 되었고 머리 밑에 담배와 라이터를 놔두지 않고는 잠을 잘 수 없었다. 밤중에 깨면 피워야 했고 새벽에 눈 뜨면 입에 무는 것이 담배였다.

포천 초임 발령을 받은 후 35년간을 교직에 있으면서도 한 번도 담배 끊을 생각을 한 적이 없었다. 학교 교무실에서도 당연히 피웠고 아이들을 가르치면서도 휴식 시간에도 복도에 나와 복도 창을 열고 재떨이를 들고 피웠다. 저학년인 경우 반 아이들은 쪼르르 복도로 나와 "선생님 담배 피우지 마세요! 몸에 나쁘대요. 네?"하며 매달리는 아이들에게도 못된 버릇으로 미안하고 죄스럽기까지 했지만 흡연에의 열정은 끊이지 않았다. 그때는 서울 가는 시외버스 안에서도 피울 수 있었고 비행기를 타도 흡연을 할 수 있었다.

후박나무 예찬

내 집 작은 정원에는 소나무 네 그루를 비롯해서 향나무 측백나무 등 얕은 침엽수가 몇 그루 있는 한편으로 커다란 후박나무가 群鷄一鶴(군계일학)의 고고한 자태를 뽐내고 있다. 이 후박나무 한 그루는 내가 근무했던 학교 근처에 심어져 있던 것을 기증받은 것인데 당시는 5년생의 키만 크고 보잘 것 없는 것이었는데 내 집에 와서 7년을 더 자라고 보니 지금은 그 키가 처음의 네 배가 더 자라 우리 집 정원의 주인 노릇을 하는 나무다.

지금 10월 달엔 잎이 무성하여 청춘을 구가하는 듯 품위 있고 우아한 활엽수만의 멋을 한껏 드러내고 있다. 이 후박나무의 일 년은 여타 활엽수와 다름없지만 우선 잎이 두껍고 커서 그 그늘이 짙고 넓다. 식물 사전의 후박나무는 5, 6월에 꽃이 피고 다음 해 7월에 과실이 맺으며 암자색으로 익는다고 되어 있으나 우리 후박나무는 아직 어려서 그런지 꽃 피는 것을 보지 못했고 꽃 못 피우니 과실을 맺을 리 없으나 잎사귀가 비슷한 것으로 보아 후박나무임엔 틀림이 없는 것 같고, 12년생이 아직 어려서 꽃을 못 피운다면 더 기다려 볼 수밖에 없는 노릇이다. 또 후박나무가 아니라하더라도 개의치 않는다. 이 나무는 봄에 노랗게 새싹이 나오다가 7, 8개의 잎으로 갈라 뻗으면서 큰 잎으로 자라 큰 그늘을 만든다. 이때가 절정기로 매미와 쓰르라미가 번갈아 찾아와 한두 차례 울다 떠나는 휴양소가 되기도 한다. 다른 나무에는 앉지 않은 것으로 보아 매미나 쓰르라미는 키 큰 나무, 활엽수만 선호하는 것 같다. 서리가 내릴 때까지 이 후박나무 잎은 도톰하고 넓적하게 자라 의젓한 맛을 더해 준다. 바람 불어 서리 내리고 추위가 오면 한 잎 두 잎 떨어지는데 멀지 않은 곳에 떨어지고 땅에 떨어진 낙엽이 바람에 뒹굴어도 훌쩍 날아가지 않고 조금씩조금씩 잡아끌리는 듯 그 행동이 무겁다. 몇 잎 안남은 깊은 겨울눈이 쏟아져 쌓여도 몇 이파리는 끈끈히 달라붙어 있어 '오 헨리'의 「마지막 잎새」를 연상하면서 쓰잘 데 없는 생각에 잠겨보기도 한다.

"여보 저 후박나무 잘라버립시다."

밑도 끝도 없는 말을 내 뱉는다.

"무슨 소리야?"

신경이 곤두설 수밖에,

"저 나무뿌리가 처마 밑으로 오면 좋지 않데요!"

"뭐라고, 처마 끝과는 10m가 넘는데 집까지 오자면 100년은 더 걸릴 텐데 무엇이 나쁘다는 거요?"

"그냥 나쁘데요!"

"원 별소릴 다 듣는 군, 누가 그 따위 소리 한답니까?"

"무엇이 나쁜지 그 사람 좀 불러와요!"

혀를 차고 말았다. 남의 정원에 자기 집에 없는 고상한 나무가 있으니까 시기하는 것이 아닐까 생각되어 씁쓸했다.

‘소나무는 앞마당에 심는 게 아니다.’

‘감나무 뒤란에 심는 거다.’ 하는 속설들을 생각하면서 요즈음 없어 못 심지, 창문가에 소나무 심은 집이 얼마나 많은가, 앞마당 가운데에 감나무 심는 것도 일반적이 되었다. 자연과 자연의 생기(生氣)와 가까이 하려는 것이 환경 친화적이며 더불어 숨 쉬려는 인간의 본능이 아닌가.

꽃가루는 사람의 눈에 나쁘다거나 향나무 옆의 배나무는 향나무의 꽃가루가 배나무의 수정을 어렵게 하기에 배가 잘 열리지 않는다는 것은 과학적일 수 있겠으나 ‘이러이러하면 나쁘다더라, 어떻다더라.’ 하는 미신적 속설은 그저 속설일 뿐이라 생각된다.

오늘 아침에는 방에서 나와 거실의 커텐을 활짝 열어 잔디를 건너 한편에 우뚝 뽐내고 서 있는 후박나무를 보며 하루의 아침을 시작한다.

어머니의 손맛과 아버지의 입맛

나의 어머니는 99세에 돌아가셨다. 아버지가 83세에 돌아가시고 16년을 더 사셨다. 어머니는 초계정씨 집안인데 외조부나 외삼촌, 외사촌들이 모두 70세 전에 타계하셨는데 어머니만 장수하셨다. 어머니는 23세 때 시집와서 나까지 8남매를 낳으시고 넷을 어머니 생전에 잃으시고 4남매만 99세 어머니의 임종을 보았다.

장수하시는 이유가 무엇일까. 어디서 연유하는 것일까 생각해 보았다. 어머니는 시집오기 전에 글자를 못 배우셨는데 시집와서 나를 낳고 시아버지(나의 조부)에게 한글을 배우셨다. 쓰지는 못하셔도 더듬더듬 읽기는 하셨고 셈(산수)은 손가락 계산으로 스스로 익히시고 90세 가까이까지 시장에 다니시면서 살림을 해 오셨다.

어머니는 건강하셨다. 어머니는 일생 동안 어떤 지병으로 병원에 가신 적이 없지만, 80세 무렵에 문지방에서 넘어져 엉치뼈를 다치시고 수술하고 한 달간 입원한 적이 있었다. 그것 말고는 감기로 누우신 적도 별로 없으셨다.

어머니의 장수를 나는 어머니의 낙관주의에서 찾고 싶다. 어머니가 살림하면서 쌀이 떨어졌다거나, 저녁 찬거리를 무엇으로 할 것인가 걱정하는 소리를 듣지 못했다. 이는 아버지의 내조(內助) 때문이 아닐까 생각된다. 아버지는 청년 시절부터 공업 계통의 밥벌이를 하셨다. 자전거포 수선공에서부터 엽총회사 제조기술자, 악기회사의 기술자, 간장 공장 제조기술자로 일하셨고, 일제 말에는 택시기사(마메다꾸씨 : 콩알택시)로 돈벌이를 하시다가 6.25 이후에는 체신부 공무원, 택시, 버스 운전기사, 자동차 엔진 기술자, 말년의 세차장까지 운영하시며 식구를 굶기지 않으셨다.

이래서였을까? 어머니의 손맛은 일품이었다. 집의 장독대와 부엌의 주인으로 손맛을 일구시어 식구들의 입맛을 다스렸다. 음식의 손맛을 제일 잘 알고 부추겨준 사람이 아버지다. 어머니의 손맛은 아버지의 입맛을 자극했고 아버지의 입맛은 어머니의 손맛을 부추겼다. 단체급식에서는 일주일치 식단을 요리사가 미리 짜놓고 계획대로 하지만 어머니의 머릿속의 식단으로 무얼 해 먹을까 걱정하지 않고 바로바로 주문하는 식당처럼 거침이 없다. 하루 중에 그 시간이 되면 일어나서 장독간으로 가거나, 부엌으로 가거나, 맷돌질, 절구질하신다. 계획대로 실천할 뿐이다. 아버지 친구나 나의 친구가 갑자기 내 집에 들러도 당황하지 않고 금세 술상이든 점심상을 차리는데 장독간에 준비해둔 밑반찬을 기본으로 국과 찌개를 만들어 내신다. 마른 북어 대가리가 찌개가 되고 감잣국, 미역국이 나오고 고추 장아찌 깻잎장아찌가 나오고 밀가루 장떡이 안주로 나온다.

어머니는 해마다 메주를 쑤어 장을 담그신다. 간장 된장은 묵어야 제 맛 난다며 10년이 넘는 항아리가 항상 장독을 지키고 있다. 밑반찬 만드는 장항아리도 별도로 있어서 각종 장아찌가 숙성되고 있다. 어머니는 음식 만드는 기구의 달인이다. 항상 절구로 찧고 빻

아 채로 쳐서 가루를 만들기도 한다. 전열기구나 가전제품이 늘어난 시대에도 어머니는 부엌에 솥을 걸고 나무 때서 밥을 지으셨다. 그래서 우리는 구수한 숭늉과 눌은밥을 매일 먹을 수 있었다.

봄이 다 가는 5월에도 어머니는 묵은 김장김치와 동치미 짠지의 무를 쌀뜨물에 우렸다가 새우젓으로 간을 한 특별식도 일미다. 묵은 김장 버리는 것을 본 적이 없다. 어머니의 손맛은 아버지의 입맛으로 품평이 된다. 아버지는 반찬거리의 반 정도를 직접 사 오신다. 그리고 집에 오면 부엌에는 들어가지 않고 부엌문 밖이나 댓돌 앞에서 어머니에게 넘겨주신다. 아버지는 반찬이나 무엇 하나할 줄 모르시지만 어머니가 음식을 만들기 전 아버지는 삶으라거나, 고추장 풀어 찌개를 만들라거나, 횟감을 떠 달라고 주문을 하신다. 다른 집에서나 음식점에서 먹어보기 어려운 음식을 만들어주신다.

아버지는 푸줏간에서 스지나 떡심 같은 부속품을 사 오신다. 스지는 양념을 묻혀 숙성시켰다가 숯불에 구워먹고 떡심은 기름기가 없는 소의 힘줄 같은 것인데 양쪽에 칼집을 내서 다시 양념에 숙성시켰다 구워먹는데 별미 중의 하나다. 언젠가 아버지는 소머리를 생으로 사 오신 때가 있었다. 온 식구가 매달려 숯불에 거슬려 털을 태우고 부위별로 자르고 썰어서 서로 다른 요리를 해 먹기도 했다. 당시 소 내장을 많이 사 먹었는데 소 허파를 삶아서 먹기 좋게 썰어 밀가루 전을 해 먹는다거나 곱창구이나 생간, 천엽을 사다 먹기도 했다.

특별히 그 당시의 우리 집에서는 생선의 어두일미(魚頭一味)를 좋아했는데 대구나 고등어, 동태 등의 머리가 모두 좋아하는 반찬이었는데 심지어 겨울에는 동태 대가리만 특별히 주문해서 사다가 끓여먹기도 한다. 나는 지금도 부모님의 손맛과 입맛에 익숙해져서인지 젊은 세대가 좋아하는 '퓨전' 요리를 좋아하지 않는다. 음식점의 음식까지 젊은 취향에 맞춰 달짝지근하고 인공조미료를 많이 쓰는 음식은 내 입맛에는 맞지 않는다. 내 입은 보수적이다.

순수한 옛 맛, 그것은 인공조미료를 쓰지 않고 달지 않으며, 차라리 내겐 쓴맛이 더 좋다. 씀바귀나물을 좋아한다. 요즈음 씀바귀는 쓰지도 않다. 자연산의 쓴맛이 정말 좋다. 요즘 슈퍼에서 사온 씀바귀는 그냥 바로 삶아 무쳐 먹어도 조금도 안 쓰다. 쓴 음식이 뭐 없을까? 우리의 내장을 보면 모두 쓴물을 생산해낸다. 이자즙이니 쓸개즙 같은 건 모두 쓰고 쓰다. 쓴 것이 몸에 이롭다고 하지 않았던가. 그것이 자연인데 쓴 것이 사라지니 더욱 그리워진다.

나에게 쓴 입맛을 가르쳐준 부모님께 감사하며 살고 있다.

하모니카 실버악단 해외로 나가다

- 아태지역 하모니카 페스티벌 참가

실버악단의 태동

2009년 6월 18일은 포천문화원의 하모니카 실버악단이 창설된 날이다. 이보다 두 달쯤 전에는 포천문화원을 중심으로 우리 지역에도 실버를 대상으로 하는 악단을 만들자는 화두가 대두되고 몇몇 뜻있는 이들이 참여하여 시도하였다. 젊어서 악기를 만졌던 사람들을 불러모았다. '아코디언', '기타', '트럼펫', '가야금', '대금', '하모니카'까지 동서양의 악기들이 나름의 소리를 갖고 모였다. 대학교 음대 교수님을 모셔다가 이 많은 악기들이 공존할 수 있는 방안도 모색하며 '퓨전' 악단을 만들려고도 했다.

시간이 흐르면서 색깔이 드러났다. '트럼펫' 등 관현악기는 실내악으로 시끄럽다 싶어 물러나고 우리의 전통악기(가야금, 피리, 대금 등)은 양악기와 어울려지기가 어려워 따로 살림을 내서 열심히 연습중이고, 우리는 드디어 불기 쉽고 값싸고 넣고 다니기 편리한 하모니카의 대세를 따라 하모니카 악단을 만들게 되었다. 10명 내외의 60세~80세까지의 노인들이 주착이 되면서 '실버'라는 명칭에

알맞은 멤버들이 조직되었다.

'나이 없는 날' 서울 무대에 서다

그해 문화체육관광부가 후원하고 한국문화원연합회가 주최하는 '나이 없는 날' 행사를 서울 신촌의 홍대 앞에서 있었다. '에이지 프리 데이(Age Free Day)'라 해서 나이를 생각하지 말고 노·소(老·少)가 같이 어울리는 날이다. 의미도 좋고 첫 무대에 서는 기분으로 포천문화원 실버악단이 참가했다. 무대는 야외이고 초라했지만 시장 바닥에서 약장수가 된 기분으로 대중들 앞에 섰다.

홍순선 씨의 전자오르간의 반주로, 임석환 씨의 아코디언 이병욱 씨의 기타가 베이스를 넣고 하모니카 6명은 C장조곡 '아름다운 것들'과 '우리의 소원은 통일'을 연주했다. 불과 5분간의 이 무대는 실버악단의 성장 동력이 되었을 법하다.

실버 하모니카 경연대회에서 대상 차지하다

2011년은 하모니카 실버악단의 성장기였다. 경기도, 서울 한국문화원연합회 행사로부터 강원도까지 전국문화원 계통의 지역축제나 문화원 행사에 초대되어 나갔고 관내에서는 억새꽃축제를 비롯하여 노인대학, 경로당, 노인복지시설과 장애인 복지시설, 요양원 등 월 2회 이상의 연주활동에 참가하였다.

그 중에서도 보건복지부가 후원하고 강남구청이 주관하는 '제4회 효 실버 하모니카 경연대회'에 참가하여 13개 팀이 참가한데서 '대상'을 차지함으로 스스로 감동하였다. 이는 우연은 아닐 것이다. 늘그막에 음악에 대한 열정은 우리를 화합하게 하고 한 번도 빼놓지 않은 연습 모임이 주효했을 것이다. 자신감에서 얻은 쾌거라 할 수 있다.

우리 실버 하모니카 악단은 잘 짜여진 조직에서도 이를 증명한다. 잘 달리는 자동차로 비교하면 엔진에 기름 치고 조이고 정비하여 멋진 운전을 하는 사람들과 액셀러레이터를 적당히 밟으며 조정하는 일까지 시스템화 되었고, 여기에 더하여 포천시민들이 호응해 주기 시작했고 시민을 대변하는 시에서도 우리의 뜻과 하고자 하는 일에 동감하기 시작했다는 점이다.

아태지역 하모니카 경연대회에 참가하다

오는 8월 2일부터 8월 8일까지 '아태지역 하모니카 경연대회'가 '말레이시아 쿠알라룸푸르'에서 개최되는데 우리 '실버'가 참가한다. 세계 각처에서 2,000명이나 모인다는 하모니카의 향연이다. 우리의 도전곡은 '노들아리랑'이란 4분짜리 곡이다. 노들강변과 아리랑의 합성곡이다. 우리 민족의 전통과 애환이 서린 곡으로 누구나 따라 부를 수 있는 곡을 택했다. 따라서 우리의 전통음악을 세계에

널리 알리고자 열심히 연습중이다. 신바람나게 불고 올 것이다. 결과보다 과정을 즐기며…….

'위 아 올드 보이스 프롬 코리아!'

(We are the old boys from korea!)

무대 위에서 인사말도 준비해 두어야겠다.

에필로그

실버 하모니카 악단을 이끄는 것은 문화원이고, 문화원장은 악단의 단장 격이다. 단체의 위상을 높이고 리드하며 운영 전반을 기획한다. 그리고 악단의 음악을 지휘하는 홍순선 씨다. 피아노나 기타 등 악기를 능숙히 다루고 이론도 빼어나다. 현재도 포천 예총의 연예예술인협회장으로 음악이 있는 곳에 그가 존재한다. 또 한 사람은 최치선 씨로 운영위원장 격이다. 수년간 포천의 남성마홀합청단 단장으로 활동했고 현재도 포천어린이 합창단을 이끌고 있는 '뮤지션'이다. 포천문화원 실버악단이 세계로까지 비약하게 된 뒤에는 경기문화재단과 한국문화원연합회의 후원, 그리고 포천시와 시 의회의 적극적인 관심과 도움이 있기 때문일 것이다. 불과 120그램의 이 가볍고 깡마른 악기가 '포천의 소리'를 전 세계로 울려 퍼지게 할 날도 멀지 않았다.

축복의 새해를 열자

두 행사

을유년 해가 기우는 지난 12월 5일, 필자는 두 차례 행사에 참가했다.

하나는 포천유림에서 주관하는 제10회 유림대학수료식이었고 다른 하나는 포천문화원이 주관하는 문화인송년의밤 행사였다. 오전에 유림회관에서 있었던 유림대학 수료식은 벌써 10회 째이고 그간 ○○○명의 수료생을 배출하였다. 유림대학은 이 고장의 퇴색해가는 유교정신 계승에 두고 시대에 맞는 선비정신을 배우며 허물어져가는 윤리도덕을 바로 세우려는 교육활동이다. 이날 30명의 수료생은 짧은 교육기간이었지만 큰 사명감을 안고 떠났다. 수료생 대부분은 청장년으로 이미 이 고장에서 가정을 이루고 살고 있고 이 고장의 미래를 걱정하는 노파심에서 우리는 이들의 활동을 기대하며 환영했다.

두 번째 이날 오후 3시부터 아트홀 대극장과 전시장에서 행해진 문화인의 밤 행사에는 1000명에 가까운 문화인들이 성황을 이루었다. 문화원의 문화학교 수강생 300여 명의 금년도 갈고닦은 예술작

품의 전시회와 기능발표회는 전시장과 극장에서 유감없이 표출되었다. 전시장을 꽉 메운 창의와 의욕이 넘치는 100여 점의 미술, 서예, 조각, 디자인 작품들은 놀랍도록 발전된 포천예술의 현주소였다. 그리고 극장무대에서 펼친 우리 춤, 합창 합주, 가야금, 단소의 협주 등 화려한 레퍼토리로 아마추어의 때를 벗고 성숙한 모습을 보여 주었다. 아마추어라면 어떤가? 내 가까이서 내가 즐길 수 있다면 얼마나 좋은가? 얼마 전까지만 해도 초대문화원장께서는 문화예술의 불모지라고 한탄하고 애타게 기다렸던 고장 아니던가? 그간 이 고장에 문화예술의 터를 닦고 놀이터를 만들어 즐기는 모습을 볼 때 이 고장 포천도 미래 문화예술의 꽃이 만개하리라는 징조를 확인하는 것이었다.

두 행사에서 필자는 우리가 선출한 시장과 의회의장이 참석하였다는 점이다. 이들은 축사를 통해 선비정신의 고귀함을 칭찬하고 더 큰 협조와 배려를 맹세했고 문화행사에서는 큰 관심을 보이고 문화예술 발전에 아낌없는 지원을 약속했다. 물론 내년의 선거를 의식해서 한 이야기는 아닐 것으로 믿는다. 우리가 선출한 지자체의 리더는 이들의 관심과 포천 문화예술 발전은 비례하기 때문이다.

아쉬움을 남기며

지난해에 포천문화원은 경기도내 31개 문화원을 대상으로 <경기도 문화원 예술제>를 주관한 바 있다. 우리는 이 행사에서 조직적으로 훌륭한 행사를 치뤘다. 우리의 능력이다. 앞으로 대한민국 문화원 예술제라도 치룰 만한 노하우를 쌓고 있다. 그 노하우는 어디서 갑자기 생겨나는 것은 아니다. 문화예술의 끊임없는 개발로 이 고장에 저변확대 되고 즐기는 시민을 만드는 일이다. 기능인이나 전문직 인력을 양성하는 것은 물론 중요하다. 더 중요한 것은 비록 전문적으로 배우고 재주는 없다고 해도 눈과 귀로 보고 즐길 수 있는 안목은 누구든지 갖고 있으며 관심 갖고 자주 보고 듣고 하는 훈련을 통해서 문화예술을 향유할 수 있을 것이다. 작품을 보고 희열을 느끼고 공연을 관람하고 즐거움을 느낄 수 있는 것은 누구든 작은 노력으로 가능한 것이다. 감상자를 말한다. 그럴 줄 모르고 음치라도 자꾸 참여하므로 감상자가 될 수 있고 평자가 되기도 한다, 서구의 여러 나라의 예를 보면 이들 감상자의 호응에 따라 예술이 성공하고 망하기도 한다. 오페라 한 편을 보기 위해 2박3일의 여행은 보통이다. 이들 관람자가 쏟은 열정이 바로 평가가 되고 이 평가자들의 평에 의해 예술 행위는 좋은 평가를 받기위해 노력하고 발전하게 된다.

포천문화원도 기능인 양성과 같이 감상자의 양성도 필요하다. 그간 문화원에서 해마다 시행하고 정성을 쏟는 행사는 선진 문화원의 시찰이다. 5, 6년 전부터 지방 여러 곳의 문화원에서 초대 받기도 했다. 초대하는 문화원에서는 우리에게 그 고장이 운영하는 관광버스를 보내주고 관람하게 한다. 그들은 우리를 큰 손님 다루 듯하며 한 번 둘러보고 자랑거리를 각인시킨다. 우리는 그 곳 문화예술 발전에 놀라고 지자체와 문화원이 한 식구가 되어 지자체를 발전시키고 있다는 것을 보고 알게 된다.

속초시를 갔을 때는 그들 시의 폐교를 숙박시설로 고치고 이곳에서 자게 하기도 하고 장사 안 되는 식당으로 안내하여 식사하기도 하였다. 지자체나 교육청 문화원이 일체가 되어 지역발전을 도모하고 있는 아름다운 모습을 확인할 수 있었다. 우리도 이들이 잘 하는 점을 벤치마킹해야 한다. 지자체에 있는 각종 단체가 서로 철밥통으로 소통을 이루지 못하면 미래에도 희망은 없다.

새해에는 소통화합의 한 해가 되기를 간절하게 바람해본다.

<추천의 글>

누구보다 포천을 사랑하고 아끼신 분

- 이석구 선생님 글을 대하는 소고

- 손 진 홍(시인 · 수필가 · 전 포천문화예술인협회 회장)

<추천의 글>

누구보다 포천을 사랑하고 아끼신 분

- 이석구 선생님의 글을 대하는 소고

손 진 홍 (시인 · 수필가 · 전 포천문화예술인협회 회장)

선생님의 생을 읽어봅니다.

저는 포천과 인연을 맺고 살아온 지가 37년째 되었습니다. 이석구 선생님은 66년도엔가 포천에 살기 시작하셨다니까 55년쯤 되신 것 같습니다. 어찌되었든 선생님이나 저나 공교롭게도 서른한 살이라는 나이에 포천 땅에 발을 딛고 인생2막을 살아왔습니다.

포천이란 곳이 지역 인구가 많지 않아서 지역민들 간에 서로 일면식이 가능하여 선후배 관계나 같은 씨족 관계로 얽혀 끈끈하게 엮여서 살아가는 사회입니다. 그렇기 때문에 포천지역에서 태어나서 포천지역학교를 졸업해야만 진정한 포천사람으로 인정을 받습니다. 선생님이나 저처럼 생의 중간에 포천땅을 밟아서 아무리 포천에서 오래 거주하며 포천사람들과 함께 뒹굴며 살았어도 결론적으로는 이방인입니다.

함께 근무하던 어느 날인가 일과를 마치고 퇴근하는 길에 선생님과 함께 현관문을 나서게 되었습니다. 왕방산 자락을 향해 불덩어리가 된 해가 기어들어가고 있는 때였습니다. 무슨 얘기 끝에 선생님은 저를 향해서 "사람이란 모름지기 진득해야 돼요. 그래야 뭔가 남는 게 있지 않겠어요?"라고 말씀하셨습니다. 당시는 우리나라가 한창 성장의 날개를 달고 번영을 구가하던 때여서 모두들 도시로도시로 몰려가고 신도시개발을 통한 부동산열풍이 광풍으로 몰아칠 때였습니다. 그때 함께하던 동료들이 너도나도 대도시로 신도시로 몰려 들어갔습니다. 갈 수 있는 조건이 되는데 가지 않는 다면 얼간이로 취급받을 수밖에 없는 때이기도 했습니다.

선생님에게 서울은 태어나서 30세가 넘도록 사신 곳입니다. 마음만 먹었다면 다른 교사들보다 우선순위로 서울특별시에 전출발령을 받을 수 있는 조건에 있었습니다. 그럼에도 불구하고 포천을 고집하셨고 저에게까지도 은근하게 포천에 오래 근무할 것을 권하셨습니다. 저는 선생님의 말씀에 그 자리에서 '예 선생님 그렇게 하겠습니다.'라고는 하지 않았지만 가슴에 새기고 산 것이 정년을 마치고도 오늘에 이르기까지 포천땅에 남아있는 명분이 된 것입니다. 그렇게 인연이 되어서 선생님과는 근무지에서 헤어졌다가 다시 만나고 만났다 다시 헤어지기를 반복하며 30년을 지냈습니다.

선생님은 평범한 교사로 만족하지 않으셨습니다. 문화와 예술적 소양을 갖추신 선생님은 문화와 예술의 추구는 삶 자체이셨습니다. 문화와 예술을 존숭하고 문화와 예술이 살아 숨 쉬는 포천을 꿈꾸셨습니다. 문화와 예술이 불모지인 포천을 아주 긍휼이 여기고 마음 아파하셨습니다. 뜻있는 동지를 모으고 문화의 발전과 예술의 중요성을 설득하고 해서 1987년도에 마침내 '포천문화원'을 창립

하는 일을 주도하셨습니다. 그런 후 2년 후에는 포천의 예술발전의 씨앗이 되는 '포천예술인동우회'를 창단하는 주역으로 역할을 하시게 됩니다. 이는 포천이 새롭게 발돋움하는 아주 큰 사건이라고 볼 수 있을 것입니다. 이로부터 활발한 문화 활동과 예술 활동이 전개되면서 오늘에 이르러서는 크게는 '포천문화원'이 공고히 뿌리를 내렸고 '포천예술인동우회'가 성장을 거듭하여 '포천예술인총연합회'를 태동시키게 되면서 포천에는 각종 예술이 장르별로 무럭무럭 성장하게 되었습니다.

이때쯤 선생님의 하시는 모습을 지켜보면서 저에게도 자연스럽게 문화와 예술에 관심을 가지는 계기가 되었습니다. 1993년도 선생님께서 '포천예술인동우회 문학분과장'을 저에게 권해주시면서 저도 포천의 예술 활동에 입문하게 되었습니다. 이후로 선생님을 도와서 포천의 문화와 예술의 성장을 위해서 시간이 허락하는 한 부지런히 노력하였고 저 자신 또한 문학적 소양을 높이기 위해서 부단히 경주해왔습니다. 선생님에 대해서는 관심사를 공유하면서 지근의 거리에서 오랫동안 함께 지내옴으로 해서 선생님을 이해 할 수 있게 되었습니다. 선생님의 철학과 사상, 인간미 생활패턴 등 40년 가까이 선생님의 삶의 모습을 듣고 보고 느끼고 했습니다.

책의 편집

이제 책 이야기로 가보겠습니다. 선생님이 고희를 맞으실 때 이

전 작품들을 책으로 엮어내셨고, 이 산문집은 그 이후에 쓰신 작품들을 모은 것입니다. 선생님께서 포천의 신문, 잡지, 소식지 같은 곳에 기고한 글들이 주종을 이룹니다. 글 전체를 여섯 단락으로 분류해서 묶었습니다. 첫째 단락은 교훈편입니다. 둘째 단락은 인생 회고편입니다. 셋째 단락은 교육편입니다. 넷째 단락은 포천에 대한 사고입니다. 다섯째 단락은 시대에 대한 비평입니다. 여섯째 단락은 본인의 삶에 대한 회고입니다.

선생님은 서울 사대문 안에서 나고 성장하셨습니다. 태어나실 당시는 일제 치하였습니다. 이씨조선시대에 사대부들이 모여 사는 곳이 사대문 안이었을 것이고 비록 조선이 망하기는 하였지만 선생님의 성장기인 일제강점기 치하에서도 사대문 안에는 여전히 사대부들의 후예들이 모여 사는 곳이었을 것입니다. 선생님도 자연스럽게 어린 시절을 사대부들과 보내면서 그들의 예의범절과 조선의 윤리도덕관이 몸에 배었을 것은 자명한 일입니다. 그런데다가 배움에 대한 관심이 높은 것까지 더해져서 외유내강하는 선비로서의 면모를 갖추시게 된 것이 아닌가 합니다.

포천은 조선시대에 많은 벼슬아치들이나 학자, 문인들이 태어나고 살았고 묻힌 곳입니다. 그렇기 때문에 성리학적 사고가 다른 어느 지역보다 깊이 천착되어 있습니다. 부락마다 씨족들이 자기네 조상들의 벼슬자리와 학덕을 기리고 가문의 명예로 내세우며 살아가고 있습니다. 이런 상황으로 포천은 자연스럽게 유교 전통의 맥이 잘 보존되어있다고 볼 수 있습니다. 유교는 형식을 중요하게 생각합니다. 형식논리에 너무 집착하다보면 본래의 마음에서 어긋나는 행동을 보일 수 있습니다. 또 형식을 너무 무시하고 자유를 강조해도 사회질서가 흐트러지는 것을 곳곳에서 볼 수 있습니다. 선생님은 유교윤리가 안고 있는 문제들을 현실과 비교하며 균형 잡힌 논리를 전개하셨습니다.

선생님의 공자에 대한 인식은 종교 창시자나 성인의 경지에 오른 철학자들이 자기주장을 앞세우는 반면 공자는 끊임없이 온고지신(溫故知新, 옛것을 배우고 익혀서 새로운 것을 아는 것)하는 자세로 산 것이 다른 성인들과는 다른 점이라는 생각을 하십니다. 선생님 글 중에서 “지금 중동에서는 같은 교파끼리 제반형식과 전통이 서로 다르다고 무차별 종교전쟁으로 살상하고 있다. 종교전쟁으로 죽은 사람이 교통사고나 어떤 재난으로 죽은 사람보다 더 많다고 한다. 이념이나 종교는 무섭다. 생각이 다르다고 서로 전쟁하는 시대에 산다. 유교는 벌써 오래전에 이런 변화를 예측했을까? 온고이지신(溫故而知新)하라고 했다. 옛 가치를 ‘새롭고 좋게 변화시켜나가라’고 가르친다. 더 이상 보수꼴통이란 수모적인 비난을 받기 전에 ‘온고이지신’의 변화에 대해서도 적극적으로 사고하고 변화해 나가야 할 것이다.”고 공자의 생각을 존중하고 계십니다.

유교사상의 바탕은 인의예지신(오륜)입니다. 거기 더해서 조선시대에는 칠거지악과 남녀칠세부동석과 같은 윤리를 강조합니다. 삼강오륜은 사람이 지키며 살아가는데 바탕이 될 수 있는 잘 짜여진 훌륭한 윤리 체계라 할 수 있겠습니다. 그러나 칠거지악은 여성들이 이제도를 지키며 살아가기에는 너무도 가혹한 희생을 강요한 측면이 있습니다. 선생님은 양성평등을 심각하게 훼손하는 칠거지악에 대해서 비판하셨습니다. 아울러 남녀칠세부동석이라는 조선시대의 성 문화에 대해서도 지나치게 금기시하는 사전조치임을 들어서 자율성을 제한한 점을 비판하셨습니다. 여성은 오로지 집안에서만 살아야하는 안사람이고, 한 남자에게 매이면 그 남자를 위해서 죽을 때까지 함께 살고 헌신해야하는데 반해 남자들은 본부인이 아닌 첩을 여러 명을 거느리면서도 오히려 당당하게 살아도 되는 불평등 사회에 대한 불합리를 지적하십니다.

선생님은 이제 90을 바라보는 연세이십니다. 우리나라가 역사이래로 오늘날처럼 장수하는 시대가 없었다는 것입니다. 요즈음은 사람마다 건강하게 오래 사는데 대한 관심이 매우 높아 9988234라는 신조어가 만들어졌을 정도입니다. '구십 구세까지 팔팔하게 살다가 이삼일 앓다가 죽는다.'라는 뜻이라고 합니다. 선생님은 삶을 그저 오래 사는 것에 의미를 두고 있지는 않으신 것 같습니다. 사는 것을 이렇게 정의하십니다. '우리는 누구나 어느 날 예측할 수 없는 날에 죽을 수도 있다. 하루를 행복하게 살며 행복한 죽음을 맞이할 수 있을까? 결국 인생은 잘 죽기 위해 살고 있는 것인지도 모른다.'

늙으면 힘이 빠지고 병이 들어 삶이 고단해지기 마련입니다. 누군가의 도움이 없으면 살아가기가 힘들어지는 게 노인들의 삶입니다. 현대인들은 한 지붕 아래서 부모를 섬기며 살려고 하지 않습니다. 아니 삶의 터전이 달라서 함께 살 수가 없는 경우가 더 많은 것도 현실입니다. 선생님은 늙고 병든 노인들을 돌보는 요양시설이 많이 늘어나지만 노인들이 늙어서 자유롭고 외롭지 않게 긍지를 가지고 살아가는 환경이 점점 척박해지는 안타까운 현실을 이렇게 쓰셨습니다. '다시 효(孝)가 중심이 되는 미풍양속의 도덕사회가 그리워진다. 무슨 잠꼬대 같은 소리냐고 할 테지만 우리 주위의 도덕이 멀어질수록 자살하려는 노인과 자살하는 노인은 줄지 않고 증가하리라고 단언할 수밖에 없을 것 같다.'

얼마 전에 우리나라에 대유행하던 이애란 가수가 부른 '백세인생'이란 노래가 있습니다. 저승사자가 나를 데리러 오면 나는 아직 갈 때가 되지 않았다고 당당하게 이유를 들어서 말합니다. 그리고는 육십 세 때부터 미루어 오던 저승길을 백오십 살이 될 때까지 미루다가 자기가 가고 싶을 때 내발로 걸어서 저승에 간다는 내용입니다. 선생님은 이 노래를 이렇게 평을 하십니다. '이 가사 중 단연 돋보이는 언어가 '전하라'는 명령어이다. 내 뜻을 그대로 전하라는 절대자에 대한 무엄한 갑질 언어다. 10년씩 간격을 두고 혹시 저승사자라도 와서 저세상으로의 동행(同行)을 요구할 때 우리 인생들은 감히 아무소리 못하고 '예'하고 따라 나서야 하는 것이 당연한 사생관(死生觀)이었다면 이 가사에는 아주 단호하게 거부하면서 죽음이 당신의 뜻에서가 아니라 내 뜻, 내 의향에 따라 할 것이라는 주객이 전도 된 태도를 '전하라'는 명령조로 절대자의 권위를 조롱하고 있는 것이다.'라고 하십니다. 절대자(神)라는 지위를 끌어내려서 나와 대등한 위치에 놓고 당당하게 할 소리를 할 수 있는 사람으로 주객을 반전시킨다는 신바람 나고 애교 있는 노래 평입니다. 선생님은 노사연의 노랫말처럼 진정으로 '늙어가는 것이 아니라 익어가는 인생'을 살고 계십니다. '사람이 산다는 것은 오로지 정신력에 달려있어!'라고 강조하십니다.

선생님의 교육관

선생님이 교직에서 떠나실 때 우리나라에서는 김대중정부에서 교육개혁을 단행하던 시기였습니다. 당시 교육부는 '나이든 교사 한 명 봉급이면 새로운 개혁적 사고를 갖는 청년교사 두 명에게 봉급을 줄 수 있다.'는 논리를 폈습니다. 교사의 정년이 65세이던 것을 62세로 낮추어 개정하였습니다. 이 때문에 수많은 교사들이 교직을 던지고 명예퇴직을 하였습니다. 선생님도 이 시기와 정년이 맞물려 삼 년 정도는 더 교직에 근무할 수 있었는데 떠밀리듯 교직을 떠나시게 되었습니다. 자신이 학교장으로서 구상했던 교육의 이상을 실현해보려던 계획이 물거품이 되는 순간이기도 합니다.

선생님은 사고가 유연하셨습니다. 전교조가 태동하던 시기에 교육계는 어용단체 성격이 짙은 교원단체가 존재해있었습니다. 교육계의 부조리와 교육의 혁신, 교사들의 권익보장이라는 전제에 목말라하던 때였습니다. 전교조의 출현으로 정부나 교육관리자, 보수적인 사고를 가지는 교사들이 전교조에 대한 부정적인 시각을 가질 때 선생님은 '앞으로 교육계가 발전하려면 교원들의 권익 단체가 복수로 존재해야만 상호 보완하면서 발전할 수 있다.'고 말씀하셨습니다. 후에 전개되는 전교조의 활동내용이 교육과정 혁신에 대한 관심보다는 노동자들의 결집체인 노동조합과 결탁하면서 전교조 활동이 일반 노동자들의 주장과 다를 바가 없는 스스로 노동자임을 자처하는 주장을 하는 것을 목격하게 됩니다. 여기서 교단은 교사의 권위가 빠르게 무너져 내리고, 학생들의 무제한 방임이 시작됩니다. 비로소 전교조가 취하고 있는 방향성이 잘못 되었다는 것을 아셨습니다. 공산주의 세상을 꿈꾸며 오로지 혁명에 매달려 러시아를 공산국가로 만드는데 성공했지만 꿈꾸던 세상은 사라지고 공산독재만 존재하게 되는 현실을 보는 것처럼 말입니다.

선생님은 교육자는 스승으로서의 권위가 준엄하게 살아있어야 한다는 생각이셨습니다. 배우는 사람이 스승을 존경하고, 믿고, 따르지 않으면 교육은 이루어질 수 없다고 절대 믿고 계셨습니다. 교육은 사람을 기르는 일입니다. '물은 물고가 튼 곳으로 흐른다.'고 했습니다. '학생은 교사의 능력만큼만 성장한다.'고도 합니다. 교사의 자질과 능력과 권위가 교육현장에서 얼마나 필요한 것인지 깨닫기를 바라는 선생님의 마음이 간절하다는 것을 알 수 있습니다. 선생님은 '옛 스승은 어디 갔나, 정글이 되어가는 이 학원에 회초리의 매운맛을 속 시원히 때려줄 스승은 진정 없는 것인가?'하시면서 이 시대의 교육현실을 개탄하고 계십니다.

지금은 폐교가 되고 없지만 포천에는 '신평분교'라는 작은 학교가 있었습니다. 이 학교는 분교이기 때문에 교장 교감 없이 평교사들만 근무하게 됩니다. 여기에 3명의 교사가 근무했는데 선생님과 두 분의 젊은 교사가 같은 해에 부임합니다. 그로부터 신평분교의 아름다운 새 역사가 시작됩니다. 선생님은 분교를 책임지는 분교장의 직분으로 신평분교의 교육전반을 책임지게 되었습니다. 선생님의 교육관은 전인교육이었습니다. 체력단련과 호연지기를 길러주기 위해서 뒷산에 등산로를 마련하고 주 단위로 오르게 하고 명승고적지나 대도시의 문화생활을 일깨워주기 위해서는 분교에 배당된 교비를 적극 활용하여 전세버스를 빌려서 아이들을 태우고 곳곳을 관람하게 하였습니다. 예능의 습득을 위해서 합주부를 편성하여 합주 공연을 펼쳐 주눅 들어 있던 아이들의 기가 살아나고, 학부모들과 마을 주민들의 사랑을 담뿍 받는 마을의 자랑거리로 등장하기도 합니다. 함께한 조돈창 선생님은 몇 명도 되지 않는 남자아이들을 데리고 배드민턴을 지도하여 전국소년체전에서 초등남자부 준우승을 거두는 믿기 어려운 놀라운 상황을 만들어내기도 하였습니다. 운동회 때마다 학생 수가 적다는 이유로 본교운동회에 꼽사리를 껴서 주눅들어 하던 아이들과 학부모들을 위해 비록 숫자는 작지만 지혜를 짜내서 아이들과 학부모와 마을 주민과 선생님들이 함께하는 신평분교만의 복합 운동회를 창안합니다. 운동회가 끝났어도 운동장에는 참석한 모든 이들이 떠날 줄 모르고 해가 지도록 춤추고, 악기를 두드리고 흥에 겨워 지칠 줄 몰랐다고 했습니다.

선생님은 근무하던 당시에 숙직근무를 하면서 책임자로서의 교육적 사명을 짊어진 고충을 이렇게 말씀하고 계십니다. '언제나 처럼 녹초가 된 상태라 설거지는 내일로 미루고 TV와 신문, 책을 보면서 잠을 청한다. 올빼미(부엉이) 우는 소리가 함바위 중턱쯤에서 그 청아한 음색을 과시할 때쯤이면 나는 깊은 상념을 쫓아 어디론가 가고 있다. 잠을 이룰 수가 없다. 뒹굴다가 벌떡 일어나 소주 한 컵을 들이 키고 먹다 남은 김치쪽을 씹는다. 5분쯤 후에 취기가 등줄을 타고 오른다. 밖으로 나온다. 스위치를 켜면 백열등이 숙직실 현관과 미니 2층 교실 끝까지 켜지게 되어있다. 운동장으로 발걸음을 옮긴다. 좀 춥다. 50m쯤 되는 운동장 끝에 서서 교사를 바라본다. 아래층에 교실이 2개, 2층에 교실이 하나 있다. 교실 유리창이 불빛과 달빛을 받아 반사되어 뿌연 갈색을 띠고 있다. 한 바퀴 교실을 돈다.'

이순신 장군이 적과 대치하고 있는 한산섬에서 백성의 안녕과 국가의 명운을 양어깨에 짊어지고 어수룩한 달밤에 망루에 홀로서서 바다를 바라보며 읊었던 시조 "한산섬 달 밝은 밤에 수루에 혼자 앉 아/ 큰 칼 옆에 차고 깊은 시름 하는 차에 / 어디서 일성호가는 남의 애를 끊나니"라고 읊고 있는 것이 어쩌면 이순신 장군이 잠 못 이루고 '일성호가'를 듣는 마음이나 선생님이 '부엉이울음 소리'를 들으며 잠 못 이루는 마음이 흡사하게 닮았다는 생각을 해봅니다. 선생님은 그렇게 교육에 임하는 자세가 지성으로 온 정성을 다하고 계셨습니다. 그래도 그때가 선생님의 교육자 인생에서 가장 행복한 기간이었을 것이라는 짐작을 해봅니다.

누구보다도 포천을 사랑하다

선생님은 포천을 누구보다도 자신의 고향처럼 사랑하십니다. 몸은 교직에 있었지만 마음은 온통 포천의 문화예술 발전에 두고 있었을 정도로 문화와 예술 발전에 관심과 정력을 쏟으셨습니다. 이 책에 실려 있는 글에서도 볼 수 있듯이 고령에 침침한 눈으로 조선왕조실록에서 발췌한 포천 편을 모두 탐독하시고 이씨조선을 세운 이성계와 태종, 세종에 이르기까지 포천과 깊은 연관을 맺고 있다는 사실들을 찾아 밝히고 있습니다. 아직도 포천에는 용상골, 부인터라는 지명들에서 이성계와 그 일족이 포천에 살았었다는 사실을 암시하고 있지만 세종대왕이 포천에 자주 들려서 군사들을 조련하고, 사냥도 하고, 상왕을 뫼시고 내려와 효도하는 역사적 사실들은 포천사람들은 알지 못하는 관심 밖의 일이었습니다.

선생님은 현대는 스토리텔링시대라고 말씀하십니다. 억지로라도 조그마한 꼬투리만 있으면 지역의 문화적 자산으로 삼으려는 시대에 세종대왕이 포천을 수십 차례나 다녀갔다는 사실은 이보다 더 소중한 역사적 가치가 있는 자료가 없다고 강조하고 계십니다. 실제로 '포천연극협회' 사람들과 세종대왕의 포천 행차를 소재로 한 연극(세종대왕 포천에 납시다)을 직접 대본을 쓰시고 이것을 무대에 올려서 포천시민들과 공유하기도 하셨습니다. 이 책에는 없지만 박영실 경기소리보존회 대표와 손잡고 '영평팔경가'를 손수 작사하여 곡을 붙여서 포천의 소리로 자리매김하는가하면 포천의 문화와 예술 창달에 전심전력을 기울이셨습니다.

선생님은 철저히 人本主義자 이십니다. 젊은 한때는 목사님이 되려고도 하셨다는 말씀을 들었지만 지금은 아무 신에게도 다가가지 않는 무신론자가 되셨습니다. 다만 사람을 섬기는 일에 소홀함이 없도록 조심을 다하십니다.

신문기사에 난 서울시 송파구에서 있었던 '일도 할 수 없는 딸들을 데리고 살던 엄마가 두 딸과 함께 자살한 사건'을 보고 쓰신 글 중 한 토막입니다. "이제 자자!' 엄마의 한마디에 엄마가 누운 양쪽으로 큰 딸, 작은 딸이 엄마를 끌어안고 누웠습니다. 작은 벽에는 아버지까지 네 식구의 사진이 이들 세 모녀를 내려다보고 있었습니다. 세 모녀는 이 세상 누구도 원망하지 않고 하늘나라로 갔습니다.' 이 글을 읽으면서 가슴이 아리고 먹먹해져왔습니다. 마치 안도현 시인이 쓴 「스며드는 것」이라는 시 "꽃게가 간장 속에 / 반쯤 몸을 담그고 엎드려 있다. / 등판에 간장이 울컥울컥 쏟아질 때 / 꽃게는 뱃속의 알을 껴안으려고 / 꿈틀거리다가 더 낮게 / 더 바닥 쪽으로 웅크렸으리라 / 버둥거렸으리라 / 버둥거리다가 어찌할 수 없어서 / 한 때의 어스름을 / 꽃게는 천천히 받아들였으리라 / 저녁이야/불 끄고 잘 시간이야"에서 알을 가득히 실은 배를 움켜쥐고 간장이 차오르는 항아리 속에서 죽어가는 어미 게의 처절함이 생생하게 그려집니다. 선생님의 글이 안도현의 시와 함께 절묘하게 인간의 탐욕 앞에 무기력한 약자의 모습을 그려내고 있습니다.

전 국민의 가슴을 아프게 한 세월호 침몰 사건을 놓고 선생님은 우리사회의 부조리함을 지적하고 도덕 재무장과 정신개조를 외치십니다. '우리 사회의 불신과 부조리, 도덕이 무너지면 세월호 참사 같은 사고는 어디에서고 일어날 수 있는 가능성(폭발성)을 품고 있는 것이다. 우리는 이번 참사로 우리 스스로를 되돌아보고 그간 우리가 키워왔던 총체적 부실을 하나하나 제자리에 세우고 도덕 재무장을 해야 한다. 성숙된 시민의식을 찾아야 한다. 세월호 참사는 돌이킬 수 없는 슬픔을 안겨주었지만 이를 계기로 우리가 다시 일어서는 정신개조의 계기가 되었으면 한다. 그것이 가신님들의 평안이 될 것이다.'

풍류를 즐길 줄 아는 분

선생님은 풍류를 즐길 줄 아는 분이십니다. 중학교시절 김학상이라는 음악선생님이 계셨는데 유명한 오페라 가수였다고 합니다. 이 분이 지도하는 합창부에 가입하여 합창을 배웠으니 음악적 소양이 풍부하게 길러졌음은 자명한 일입니다. 거기에다가 선생님 특유의 폐 깊숙이에서 울려나오는 테너 성향의 목소리는 뭇 사람들을 울리고도 남음이 있는 뛰어난 목소리의 소유자이십니다. 가무는 음주로부터 출발한다고 선생님의 주량 또한 남 못지않아서 남녀노소를 불문하고 누구든 가리지 않고 자리를 요청하면 함께 대작하는 도량도 지니고 계셨습니다. 글 속에도 나와 있지만 담배 또한 17세에 입문해서 80에 이르기까지 피우셨으니 담배에 대한 애정도 남다르셨다고 할 수 있습니다.

어떤 사람을 만나든 그 사람이 놀고자 하는 것을 마다하지 않으셨습니다. 밤을 새워 술을 마시자면 술을 마시고 노래를 부르자면 노래를 부르셨습니다. 선생님은 박일남의 '갈대의 순정'을 18번으로 즐겨 부르셨습니다. '사나이 우는 마음을 그 누가 아랴~'하는 노래가 질박하게 울려 퍼질 때면 가수 박일남을 뛰어넘는 매력으로 사람들의 마음을 사로잡았습니다. 다만 선생님은 어느 자리에서나 어느 경우에도 도를 넘거나 예의에 벗어나는 가벼운 행동거지를 본 기억이 없습니다. 그 자리를 즐기기를 만끽하면서도 절제된 지혜가 몸에 배어있었습니다.

선생님에게도 아픔은 있었습니다. 동족의 비극인 6·25때의 이야기입니다. 중학교시절에 맞은 6·25는 트라우마를 남긴 사건들이었습니다. 하마터면 전쟁이라는 늪으로 빨려 들어가 낙동강 전선으로 갈 뻔했을 때 아직 어리다(또래들보다 작았음)는 이유로 가까스로 군대에 끌려가는 것을 모면한 사건이라든가, 느닷없이 집안으로 수사관들이 들이닥쳐서 하숙하던 학생의 방을 압수수색하던 일과 그 후에 뒤 안에서 학생이 보던 책(당시에 불온서적)들이 쏟아져 선생님과 아버지가 가슴조리며 난로에 불쏘시개로 태워 없앨 때의 초조와 긴장 등이 겹쳐서 지금도 그 트라우마가 가시지 않는다고 하셨습니다. 어린 나이에 6·25를 겪으면서 서울을 북한군에게 침공당한 후 공산치하에서 사는 동안 공산당의 비인간적인 처사를 뼈저리게 체험하신 후 지금까지도 공산주의에 대한 부정적인 인식은 대단하십니다.

말년에 왕방산 기슭 아래 호병골이라는 동네에 터를 잡고 칩거하시면서 호를 '왕방초'라 하셨습니다. 주위사람들은 '왕방초가 뭐냐 중간글자를 빼고 왕초라고 불러라.'고 하는 등 선생님에게 걸맞지 않은 호라고들 하였지만 선생님의 자기낮춤은 그저 왕방산에 이름 없이 돋아나는 풀 무리 중에 하나라고 고집하십니다. 말씀은 없으셔도 자신이 지닌 경륜을 세상에 펴지 못하신 아픔이 클 것입니다. 문화와 예술에 천착하셨던 선생님이 퇴직하신 후 인생 이막의 출발점에서 지니고 계신 소양과 능력, 경륜 등이 오롯이 포천땅에 녹아서 스밀 수 있는 환경이 주어졌었더라면 하는 아쉬움은 남습니다.

선생님과 만남이 제 삶의 자세를 바르게 전환할 수 있게 하셨고,

포천땅에서 긴 시간 동안 선생님과 함께하며 생활한 하루하루는 나를 새롭게 변모하게(溫故而知新) 하는 계기가 되었습니다. 선생님이 계셔서 인생을 습작하며 살게 되었고, 아직도 부족하지만 사람답게 사는 것이 어떤 모습인가를 알게 되었습니다.

감사합니다.

저자 연보

방초(方草) 이석구(李錫九)
1935. 3. 31. 출생
포천시 신읍동 호병골 3길 38-15

학력

서울배재고등학교
경기대학교(영문과)
한국방송통신대학교(초등교육과)

경력 I

교사 : 외북초등학교, 포천초등학교, 노곡초등학교, 신평분교
교감 : 영평초등학교, 포천초등학교
교장 : 궁평초등학교, 신북초등학교

경력 II

포천문화원 이사
포천향토사연구소 소장
국사편찬위원회 사료조사위원(2년)
삼락회(퇴직교원단체) 포천시지회장
포천예술인동우회 2대회장
포천예총 발기
포천문인협회 발기

면암 최익현 선생 숭모사업회 이사
동천장학회 설립 이사
하모니카실버악단 창립 및 초대회장

편집, 집필, 발간책자

포천문화(포천문화원)
포천문화사랑(포천문화원)
포천교육사(포천교육청)
연천교육사(연천교육청)
포천의 물길 따라(환갑회고 문집)
포천의 향수(고희회고 문집)
포천예술(포천예총)
포천문학(포천문인협회)
마홀(포천예술인동우회 문학분과)
영평팔경가(경기소리보존회) 작사

기타활동

고 김진동 선생 10주기 추모 사업 주관
고 강수동 선생 동상건립 추진위원회 위원장
면암 최익현 선생 숭모사업회 회원
성균관 유도회 포천시지회 회원
성균관유도회 유림대학 강사
포천관내 노인대학 강사
관내, 외 취약계층(노인정, 요양시설, 장애인, 재활센터) 하모니카 연주활동

이석구 산문집

실향의 덫 포천 · I

초판발행일 2021년 4월 20일

지은이 : 이석구
발행인 : 김순진
편집장 : 전하라
디자인 : 김초롱
펴낸곳 : 도서출판 문학공원
등 록 : 2004년 3월 9일 제6-706호
주 소 : 우편번호 03382 서울 은평구 통일로 633
녹번오피스텔 501호 스토리문학사
전 화 : 02-2234-1666
팩 스 : 02-2236-1666
홈페이지 : http://www.munhakpark.com